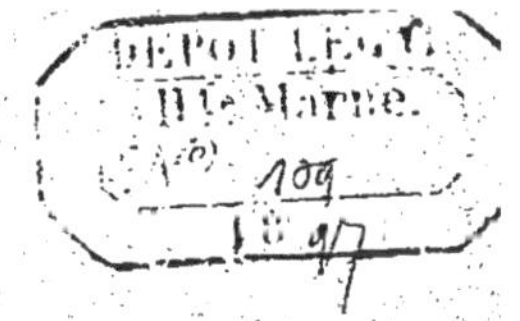

DES

CONSEILS DE PRUD'HOMMES

(ORGANISATION — COMPÉTENCE — PROCÉDURE)

THÈSE POUR LE DOCTORAT

PAR

JULES GOUFFIER

AVOCAT A LA COUR D'APPEL

PARIS

LIBRAIRIE NOUVELLE DE DROIT ET DE JURISPRUDENCE

ARTHUR ROUSSEAU, ÉDITEUR

14, RUE SOUFFLOT, ET RUE TOULLIER, 13

1897

THÈSE

POUR LE DOCTORAT

DES

CONSEILS DE PRUD'HOMMES

(ORGANISATION — COMPÉTENCE — PROCÉDURE)

THÈSE POUR LE DOCTORAT

L'ACTE PUBLIC SUR LES MATIÈRES CI-APRÈS

Sera soutenu le vendredi 4 juin 1897, à 1 heure 1/2

PAR

Jules GOUFFIER

AVOCAT A LA COUR D'APPEL

Président : M. GLASSON.

Suffragants : { MM. CHAVEGRIN, LESEUR, } *professeurs.*

PARIS

LIBRAIRIE NOUVELLE DE DROIT ET DE JURISPRUDENCE

ARTHUR ROUSSEAU, ÉDITEUR

14, RUE SOUFFLOT ET RUE TOULLIER, 13

1897

A LA MÉMOIRE DE MON PÈRE ET DE MA MÈRE

A MA FAMILLE

DES
CONSEILS DE PRUD'HOMMES

INTRODUCTION

Le mot prud'homme est bien vieux dans notre langue, il y était employé dans des sens différents ; tantôt il désignait d'une façon générale tout homme recommandable par sa probité, sa sagesse et ses connaissances spéciales, tantôt il servait à désigner les magistrats municipaux ou même les membres des tribunaux de droit commun et surtout les experts nommés par la justice pour donner un avis sur un procès (Merlin, au mot Prud'homme). Mais l'expression conseil de prud'hommes ne date que de 1806 et on l'emploie pour désigner un tribunal auquel la loi a donné la mission de juger les différends entre patrons et ouvriers de l'industrie, relatifs à l'exercice de leur profession. Depuis cette époque la composition des conseils de prud'hommes a bien varié ainsi que les conditions nécessaires pour y être électeur ou éligible, mais l'institution a toujours eu le même but et l'expression a toujours eu le même sens.

C. — 1

Mais pourquoi déroger, en faveur des patrons et ouvriers de l'industrie, au principe de l'unité de juridiction qui veut que tous les citoyens, à quelque classe de la société qu'ils appartiennent, soient justiciables pour les mêmes différends des mêmes tribunaux ? Pourquoi créer en leur faveur un tribunal spécial, un privilège par conséquent ? La principale raison est la nécessité de maintenir la bonne harmonie et l'entente entre le patron et l'ouvrier, et de les concilier autant que possible. Or, si les différends qui s'élèvent journellement entre eux donnent lieu à de véritables procès et sont portés devant les tribunaux de droit commun, il n'y a plus de réconciliation possible, le patron et l'ouvrier sont brouillés à jamais, celui qui aura été condamné ne voudra plus entrer en rapport avec son adversaire. On a pensé qu'un tribunal composé de juges appartenant à la même profession que les justiciables, qui serait en quelque sorte un tribunal de famille, aurait plus de chances de concilier les patrons et les ouvriers ; que ceux-ci se laisseraient plus facilement convaincre par leurs pairs, en quelque sorte leurs camarades, que par des juges de profession appartenant à une autre classe de la société. L'expérience a démontré que cette idée était juste, si l'on s'en rapporte à ce passage que l'on peut lire dans un livre publié il y a quelques années par les soins de l'office du travail, et cité par M. Millaud au Sénat, lors de la discussion du projet de loi sur les conseils de prud'hommes voté par cette assemblée le 11 juin 1894 (1) : « S'il est un fait qui ait frappé tous les observateurs, c'est l'action prépondérante de la conciliation devant ces tribunaux quasi-corporatifs. La manière dont ils sont composés entre pour la plus grande part sans doute dans les résultats qu'ils obtiennent.

« Aussi lorsque, par le développement de la grande industrie, élargissant de plus en plus le fond qui sépare la direction des travaux de leur exécution, les conflits sont devenus plus fréquents et plus violents entre les travailleurs et les entrepreneurs, la plupart de ceux qui, surtout à l'étranger, ont cherché le moyen de prévenir ces luttes ou d'en adoucir la rudesse, eurent bientôt l'idée de constituer à l'image des conseils de prud'hommes, des organes permanents chargés non plus seulement de régler les différends individuels, mais encore de s'interposer dans les discussions relatives aux modifications du régime du travail. »

« On ne manque jamais, est-il dit plus loin, de citer les prud'hommes comme ayant mis la France à l'abri de la plupart des crises, qui, partout ailleurs, ont si profondément altéré les conditions normales du capital et du travail. »

L'existence d'un tribunal spécial pour juger les contestations entre patrons et ouvriers a une autre raison d'être, c'est que ces contestations exigent de la part des juges, des connaissances spéciales et tech-

(1) *Journal officiel*, annexes, p. 476.

niques, que possèdent seuls les gens, qui, comme l'on dit vulgairement, sont « du métier » et non les juges ordinaires. Ceux-ci ignorent aussi les usages propres à chaque profession. Les prud'hommes, au contraire, qui sont justement des gens « du métier » réunissent toutes ces conditions.

Toutes ces raisons sont plus que suffisantes pour justifier la dérogation que la loi de 1806 est venue apporter au principe de l'unité de juridiction.

L'institution des conseils de prud'hommes est d'origine française, et jusqu'à la seconde moitié de ce siècle elle n'a existé que chez nous et en Belgique. Mais à cette époque certains pays de l'Europe nous l'empruntèrent, l'Autriche, la Hongrie, l'Allemagne et certains cantons suisses. Enfin il a été déposé récemment en Italie un projet de loi tendant à leur établissement.

Mais à quelle date convient-il de faire remonter l'origine de cette institution chez nous ? Les auteurs qui se sont occupés des conseils de prud'hommes sont en désaccord sur cette question. Il y en a qui font remonter cette origine à une délibération du conseil de la ville de Paris de 1296 qui décidait « qu'on élirait vingt-quatre prud'hommes de la ville de Paris, qui seront tenus de venir au parloir aux bourgeois, au mandement du prévôt et des échevins, qui conseilleront les bonnes gens et iront avec les prévôts et les échevins chez les mestres, le roi ou ailleurs à Paris ou dehors, *pour le profit de la ville* ». Cette opinion est inadmissible, car les derniers mots de la délibération qui indiquent dans quel but ces prud'hommes étaient élus, montrent bien qu'il s'agissait là d'une commission établie pour veiller aux intérêts de la ville et non pour s'occuper des rapports entre patrons et ouvriers.

On a cru aussi voir l'idée d'un conseil de prud'hommes dans un édit de Louis XI du 29 avril 1464. Cet édit décidait que « les conseillers, bourgeois, manants et habitants de la ville de Lyon éliraient un prud'homme suffisant et idoine pour trancher les différends qui s'élèveraient entre les marchands fréquentant les foires de la ville de Lyon ». Mais il y a loin de ce juge unique aux conseils de prud'hommes actuels qui sont composés de plusieurs membres. Au lieu d'être élu par ceux-là seulement qui étaient appelés à être jugés par lui, il l'était par la généralité des habitants de la ville de Lyon, d'autre part il jugeait les différends entre marchands forains et non entre patrons et ouvriers.

Les juridictions spéciales qui existaient autrefois sous le nom de *jurandes* dans les communautés d'arts et métiers, et qui ont été supprimées avec elles par la Constituante le 2 mars 1791 ressemblaient davantage aux conseils de prud'hommes. Elles avaient, elles aussi, le droit de juger les contestations qui s'élevaient entre patrons et ouvriers, toutes les fois que ces contestations avaient un caractère *domestique*, c'est-à-dire intéressaient exclusivement la communauté ; mais lorsque ces contestations présentaient plutôt le caractère d'affaires de police, elles étaient alors de la compétence des autorités de police, c'est-à-dire à Paris, du lieutenant général de police depuis l'ordonnance du 15 mars 1667. M. Mollot, dans son livre sur la compétence des conseils de prud'hommes, nie que les jurandes aient jamais eu cette compétence, mais il a contre lui la majorité des auteurs et entre autres Regnauld de Saint-Jean d'Angely qui disait, lui aussi, dans l'exposé des motifs de la loi du 18 mars 1806, que « les fonctions des prud'hommes ont quelque analogie avec celles qu'exerçaient en 1789 les gardes ou syndics des communautés d'arts et métiers ». Ces gardes ou syndics étaient des membres de la communauté élus par les autres, mais ils étaient tous patrons et n'étaient élus que par les patrons. Dans les conseils de prud'hommes au contraire, il y a toujours eu des patrons et des ouvriers, et les uns et les autres prennent part à leur élection. D'un autre côté les jurandes étaient des tribunaux plus spéciaux que les conseils de prud'hommes. Chaque industrie avait sa jurande distincte. Au contraire, il y a toujours plusieurs industries différentes justiciables d'un même conseil. Les différences sont donc aussi nombreuses que les ressemblances.

Ce que nous venons de dire des jurandes, nous pourrions également le dire d'un tribunal qui existait à Lyon, avant 1791, sous le nom de bureau ou de tribunal commun. Son existence est attestée par une requête adressée en 1805 par les Lyonnais à Napoléon, pour obtenir la création d'un tribunal semblable et dont nous parlerons bientôt. Ce tribunal avait lui

aussi la même mission que les conseils de prud'hommes, mais, comme les jurandes, il n'était composé
que de fabricants. Voici d'ailleurs ce qu'en dit
M. Curnier dans son rapport sur le projet de loi qui
est devenu la loi du 1ᵉʳ juin 1853 : « On le trouve bien
mieux encore (le germe de l'institution des prud'hommes) dans un bureau nommé tribunal commun, qui
existait à Lyon quand la loi de 1791 vint abolir toutes
les corporations avec leurs juridictions exceptionnelles, et qui, composé de juges appartenant à la fabrique
lyonnaise, conciliait les différends des fabricants de
soieries et de leurs ouvriers. »

Après la disparition des jurandes et du tribunal
commun de la ville de Lyon, toutes les contestations
entre patrons et ouvriers furent soumises aux tribunaux de droit commun, c'est-à-dire au juge de paix
assisté de deux prud'hommes assesseurs (loi du
16-24 août 1790, art. 10). Mais une loi du 22 germinal an XI, sur les manufactures, fabriques et ateliers,
vint changer cet état de choses. L'article 19 de cette
loi décide en effet, que « toutes les affaires de simple
police entre les ouvriers et les apprentis, les manufacturiers, fabricants et artisans, seront portées, à
Paris, devant le préfet de police, devant les commissaires généraux de police dans les villes où il y en a
d'établis, et, dans les autres lieux, devant le maire
ou un des adjoints ». Les auteurs ne sont pas toutefois d'accord sur la portée de cet article. La controverse vient du sens qu'il convient de donner à
l'expression « affaires de simple police ». Les uns

prétendent que le législateur de l'an XI a voulu soustraire à la compétence du juge de droit commun, seulement les affaires de police comme les injures et voies de fait qui étaient déjà avant 1791 de la compétence des autorités de police, mais non les contestations relatives au contrat de louage d'ouvrage ; tandis que les autres, comme M. Garsonnet, pensent que la loi a une portée générale et soumet ces contestations, comme les affaires de police proprement dites, à la juridiction des autorités de police. La seconde opinion me paraît préférable, c'est celle qui se trouve exprimée dans l'exposé des motifs de la proposition de loi tendant à la création de prud'hommes d'appel, discutée à la Chambre le 19 décembre 1835 (1) et dans le livre de M. Levasseur sur l'histoire des classes ouvrières. Elle a d'ailleurs pour elle l'exposé des motifs de la loi, dans lequel M. Regnault de Saint-Jean d'Angély déclare, que le titre V, dont fait partie l'article 19, « renferme des dispositions qui remettent entre les mains des officiers municipaux, une espèce de pouvoir domestique qui les investit seuls, à l'exclusion des tribunaux de police, de l'autorité nécessaire pour régler les différends entre les ouvriers mêmes et entre eux et ceux qui les emploient, de manière à ce que les affaires, considérées comme discussion de famille, en conservent le caractère et soient décidées par une autorité presque paternelle, sans les formes plus ou moins dispendieuses qui suivent les procédures devant les tribunaux. »

(1) *Journal Officiel*, Annexe 86, p. 703.

Quoi qu'il en soit, on ne saurait voir dans les autorités de police que la loi du 22 germinal an XI avait investies du droit de juger les différends entre patrons et ouvriers, pas plus que dans les autres institutions dont nous avons parlé jusqu'ici, l'origine des conseils de prud'hommes. Ces autorités de police, c'était comme nous l'avons vu, le préfet de police à Paris, les commissaires généraux de police dans les villes où il y en avait d'établis, et à défaut de ceux-ci les maires ou les adjoints, c'est-à-dire des fonctionnaires ayant d'autres attributions,et nommés par le gouvernement, mais non pas des juges élus par les patrons et les ouvriers, et institués spécialement pour juger les contestations qui surgiraient entre ces derniers. On peut toutefois conclure de l'enlèvement aux tribunaux de droit commun de la connaissance des contestations entre patrons et ouvriers,et de l'attribution qui en fut faite aux autorités de police, que, déjà en l'an XI, on avait reconnu la nécessité de soumettre ces contestations à des tribunaux spéciaux, dont les membres seraient plutôt des conciliateurs que des juges, et devant lesquels elles « conserveraient leur caractère de discussion de famille ». Or, nous l'avons vu, c'est là la principale raison d'être des conseils de prud'hommes. Ceux-ci furent créés peu de temps après, en 1806, et nous allons voir dans quelles circonstances.

En 1805,les fabricants de soieries de Lyon présentèrent une requête à Napoléon lors du passage de celui-ci dans leur ville, dans laquelle ils lui demandèrent la création d'un tribunal semblable à leur ancien tribunal commun. Celui-ci accueillit favorablement cette demande et la loi du 18 mars 1806 vint leur donner satisfaction. Elle établissait à Lyon un tribunal composé de cinq négociants fabricants et de quatre chefs d'ateliers, élus par les négociants fabricants et les chefs d'ateliers votants dans deux assemblées distinctes. Ce tribunal, auquel la loi donna le nom de conseil de prud'hommes, avait pour mission principale de concilier les différends qui s'élèveraient entre fabricants et chefs d'ateliers, ou entre chefs d'ateliers et compagnons ou apprentis ; s'il échouait dans ses tentatives de conciliation, il avait en outre le droit de juger ceux de ces différends qui porteraient sur une somme inférieure à 60 francs. A ces deux objets distincts de la juridiction des prud'hommes correspondait deux bureaux distincts : le bureau de conciliation chargé de concilier les parties et le bureau de jugement chargé de les juger. Le conseil de prud'hommes avait encore des attributions administratives. Enfin l'article 34 de la loi donnait au gouvernement le droit d'établir par décret d'autres conseils de prud'hommes dans les villes de fabrique où il le jugerait convenable.

La loi de 1806 n'avait fait que poser les principes de l'institution qu'elle créait. On reconnut bientôt la nécessité de lui donner une réglementation plus complète et d'y apporter des modifications. Ce fut l'objet du décret du 11 juin 1809. Ce décret détermina d'une façon plus précise les contestations dont les conseils de prud'hommes pourraient connaître, ainsi que les formes de procéder qui seraient suivies devant eux. Les dispositions relatives à ces deux objets sont encore en vigueur de nos jours. Puis, indépendamment des négociants fabricants et des chefs d'atelier, il admit les contre-maîtres, les ouvriers patentés et les teinturiers à prendre part à l'élection des prud'hommes, qui eut lieu désormais en une seule assemblée. Il étendit la compétence des conseils en leur donnant le droit de juger, mais à charge d'appel devant le tribunal de commerce ou à son défaut devant le tribunal civil jugeant commercialement, tous les différends qui, autrefois, ne pouvaient être portés devant eux qu'en conciliation, c'est-à-dire tous ceux qui portaient sur une somme supérieure à 60 francs. Cette extension de compétence ne parut pas encore suffisante, car un décret du 3 avril 1810 vint porter de 60 à 100 francs le chiffre de la compétence en dernier ressort des prud'hommes, ainsi que leur donner une compétence pénale, consistant dans le droit de connaître de toutes les infractions à la police de l'atelier, et d'en punir les auteurs de trois jours d'emprisonnement.

Le décret de 1809 avait certainement réalisé un progrès sur la loi de 1806, mais l'organisation des conseils de prud'hommes était encore bien défectueuse. Etant donné l'opposition d'intérêt qui existe entre les patrons et les ouvriers, et afin de ne pas favoriser les premiers au détriment des seconds (ou tout au moins ne pas le paraître) on aurait dû permettre aux uns et aux autres d'être électeurs et éligibles au conseil de prud'hommes. On aurait de même dû donner une égale représentation à l'intérêt des patrons et à l'intérêt des ouvriers. Au lieu de cela, la grande majorité des ouvriers, ceux qui ne payaient pas patente, n'étaient ni électeurs ni éligibles aux conseils de prud'hommes ; « ils étaient justiciables de tribunaux électifs dont ils n'étaient pas électeurs ». En outre le décret de 1809, comme la loi de 1806, voulait que les négociants fabricants aient toujours dans les conseils de prud'hommes un membre de plus que les chefs d'ateliers, les contre-maîtres, les teinturiers et ouvriers patentés. C'était permettre aux ouvriers de douter de l'impartialité des conseils où ils étaient en minorité. Aussi cette situation inférieure qui leur était faite, devait-elle provoquer de leur part des réclamations, lorsque renaîtrait l'idée d'égalité disparue sous l'empire. Les ouvriers de Lyon obtinrent les premiers satisfaction, mais seulement une satisfaction partielle. En 1831, à la suite d'une grève qui éclata dans cette ville et qui dégénéra ensuite en insurrection, ils furent admis, ou du moins les chefs d'ateliers, contre-maîtres, ouvriers patentés et teinturiers, à figurer pour moitié dans la composition du conseil.

Les réclamations devenant de plus en plus fréquentes, une commission fut nommée en 1837 par le ministre du commerce, pour rechercher s'il n'y avait pas des modifications utiles à apporter à la législation de l'empire sur les conseils de prud'hommes. Cette commission rédigea un rapport, mais dans lequel aucune des réformes dont nous avons parlé n'était réclamée, aussi n'alla-t-on pas plus loin et aucun projet de loi ne fut déposé par le gouvernement.

En 1845 certains membres de la Chambre des pairs demandèrent à leur tour la réorganisation des conseils de prud'hommes. Cette demande eut pour résultat l'envoi aux conseils généraux d'un questionnaire auquel on leur demanda de répondre, mais la révolution de 1848 vint renverser le gouvernement.

Celui qui lui succéda, qui proclama le droit au travail et institua les ateliers nationaux, ne devait pas faire longtemps attendre aux ouvriers les réformes qu'ils réclamaient. Il les leur accorda par le décret du 27 mai-5 juin 1848, qui décida que le nombre des prud'hommes ouvriers serait toujours égal à celui des prud'hommes patrons. Tous les ouvriers, patentés ou non, âgés de 21 ans, et domiciliés depuis six mois dans la circonscription, purent être électeurs. Les patrons l'étaient aux mêmes conditions, avec en plus, celle d'être patenté depuis un an. Les uns et les autres étaient éligibles lorsqu'ils avaient 25 ans, qu'ils savaient lire et écrire et résidaient depuis un an dans la circonscription. Le vote en assemblée générale de tous les électeurs fut abandonné pour un système de vote en deux assemblées assez compliqué. L'une des assemblées était composée de tous les ouvriers, l'autre des patrons, chefs d'ateliers et contremaîtres. Chaque assemblée devait dresser une liste de candidats, à raison de trois candidats pour un membre à élire. Les deux listes étaient ensuite publiées et affichées. Puis, huit jours après, l'assemblée des ouvriers devait élire les prud'hommes patrons sur la liste dressée par les patrons, et l'assemblée des patrons les prud'hommes ouvriers sur la liste dressée par les ouvriers. Le partage étant à craindre dans un tribunal, composé d'un égal nombre de représentants de deux intérêts opposés et dont les juges étaient par conséquent en nombre pair, on donna voix prépondérante au président. Cela avait bien un autre inconvénient, celui de donner en même temps la prépondérance à l'élément auquel appartiendrait le président, mais on y remédia dans la mesure du possible en décidant que deux présidents seraient élus à la fois, l'un, patron, élu par les ouvriers, l'autre, ouvrier, élu par les patrons, et que chacun d'eux occuperait alternativement la présidence pendant trois mois seulement, le sort devant désigner celui qui l'occuperait le premier.

A ces réformes opérées par le décret des 27 mai-5 juin 1848 il faut en ajouter une autre opérée par un décret des 6-17 juin de la même année (c'est-à-dire de quelques jours seulement postérieur au premier), lequel décida que dans les villes où les conditions de la fabrication mettraient en présence trois intérêts divergents, celui du fabricant, celui du chef d'atelier et celui de l'ouvrier, les conseils seraient partagés en deux chambres distinctes, composées l'une de patrons et de chefs d'ateliers, l'autre de chefs d'ateliers et d'ouvriers.

La nouvelle organisation des conseils de prud'hommes n'était guère préférable à celle qu'elle remplaçait.
Le décret de 1848 avait bien posé des principes justes, mais il les avait mal appliqués. Ainsi, il avait
décidé dans son article 1er que les patrons et les ouvriers devaient toujours être en nombre égal dans les
conseils de prud'hommes, mais dans les articles 12
et 13, il décidait que les contre-maîtres et les chefs
d'ateliers voteraient dans l'assemblée des patrons, et
que la moitié des prud'hommes patrons pourrait être
prise parmi eux. Or les chefs d'ateliers ne sont pas
des patrons, et s'ils ne sont pas non plus des ouvriers,
ils s'en rapprochent davantage que des patrons. Il
résultait donc des articles 12 et 13 que les conseils de
prud'hommes pouvaient être composés pour moitié
d'ouvriers, pour un quart de chefs d'ateliers et contre-
maîtres et pour un quart seulement de patrons ; encore ceux-ci étaient-ils plutôt les élus des chefs d'ateliers et des contre-maîtres de beaucoup les plus
nombreux dans l'assemblée, dite des patrons. Les
dispositions relatives à la présidence méritaient aussi
des critiques et violaient également le principe de
l'égalité entre patrons et ouvriers. Il y eut d'abord des
conseils où l'on ne trouva pas d'ouvriers capables
d'occuper le siège de la présidence. En outre, dans la
plupart, les prud'hommes ouvriers choisissaient de
préférence le président patron parmi les chefs d'ateliers et les contre-maîtres, si bien que les patrons se
trouvaient en fait exclus de la présidence. La durée
de trois mois était aussi trop courte, elle était tout au

plus suffisante pour permettre au président de se mettre au courant de ses fonctions, de telle sorte qu'il les quittait au moment où il était devenu apte à les bien remplir. Le décret de 1848 n'avait donc fait que substituer l'inégalité au profit des ouvriers à l'inégalité au profit des patrons, inégalité d'autant plus grande que les ouvriers étaient alors très surexcités contre les patrons,qu'ils accusaient de les avoir opprimés jusqu'alors et contre lesquels ils étaient disposés à user de représailles. Aussi de graves abus se produisirent-ils et le gouvernement dut dissoudre plusieurs conseils.

Un régime aussi défectueux que l'était celui du décret de 1848, ne pouvait rester plus longtemps en vigueur. Il fut remplacé par celui de la loi du 1er juin 1853, qui est encore à l'heure actuelle la loi fondamentale sur l'organisation des conseils de prud'hommes. Cette loi maintint tous les principes que le décret de 1848 avait posés : le principe de l'égalité entre patrons et ouvriers comme celui du vote en deux assemblées séparées. Mais elle fit passer les chefs d'atelier et contre-maîtres de la catégorie des patrons dans celle des ouvriers, ce qui était plus logique. En outre, au système d'élections entrecroisées du décret de 1848, qui,en multipliant les votes, faisait déserter les urnes par les électeurs, on substitua le système de l'élection directe des prud'hommes patrons par l'assemblée des patrons et des prud'hommes ouvriers par l'assemblée des ouvriers. Les conditions d'électorat et d'éligibilité furent aussi modifiées. Mais l'innovation la plus importante, au dire même du rapporteur, est celle relative à la présidence. Au lieu de faire élire le président par les prud'hommes, la loi de 1853 décidait qu'il serait nommé, ainsi que le vice-président, par l'empereur, lequel pourrait fixer son choix même sur d'autres que les élus ou les éligibles. Il semble même résulter du rapport de M. Curnier sur cette loi, que l'on voulait que le président fût choisi plutôt en dehors des électeurs et des éligibles que parmi eux, afin, disait-on, que le président serve de tiers arbitre entre les deux intérêts opposés des patrons et des ouvriers, qu'il fasse pencher la balance du côté de la justice, et, ajoute encore M. Curnier, « que son indépendance garantisse aux yeux de tous son impartialité ».

Les conseils de prud'hommes organisés conformément à la loi de 1853 fonctionnèrent très bien. En 1868, le gouvernement voulant s'attirer les sympathies des ouvriers fit une enquête pour savoir si ceux-ci et les patrons étaient satisfaits de la façon dont était organisé leur tribunal spécial. Un questionnaire fut envoyé aux préfets, aux tribunaux de commerce, aux Chambres de commerce, aux Chambres consultatives des arts et manufactures, ainsi qu'aux conseils de prud'hommes. La majorité des réponses fut pour le maintien du régime existant : 59 conseils de prud'hommes sur 70 et 36 Chambres de commerce sur 47 furent notamment d'avis de ne pas remplacer la nomination du président par l'empereur, par son élection par les membres du conseil. Malgré cela, nous voyons

en 1876, un député, M. Millaud, déposer à la Chambre
une proposition de loi ayant précisément pour but, de
rendre aux conseils de prud'hommes l'élection de leur
président et de leur vice-président. Cette proposition,
acceptée par la Chambre, fut repoussée par le Sénat.
Mais renouvelée en 1879, elle fut cette fois votée par
les deux assemblées et devint la loi du 7 février
1880.

Depuis cette loi, les prud'hommes de chaque conseil réunis en assemblée générale élisent donc parmi
eux leur président et leur vice-président. S'ils élisent
comme président, un patron, afin d'assurer autant
que possible l'équilibre entre les deux éléments opposés, ils doivent élire comme vice-président, un
ouvrier. Le secrétaire est lui aussi nommé par les
membres du conseil et non plus par le préfet sur la
proposition du président. La présidence du bureau
de conciliation, qu'une circulaire du 22 juin 1854
attribuait toujours au membre patron à défaut du
président et du vice-président du conseil, doit en
vertu de l'article 4 appartenir, suivant un roulement établi par le règlement particulier de chaque
conseil, tour à tour au membre patron et au membre ouvrier qui composent ce bureau. Enfin l'article 6
a abrogé l'article 30 de la loi du 18 mars 1806, qui
interdisait d'accorder une indemnité aux prud'hommes négociants fabricants. On l'a supprimé pour
faire cesser l'inégalité qu'il établissait entre ceux-ci
et les prud'hommes ouvriers, inégalité que ces derniers considéraient moins comme une faveur que

comme une atteinte portée à leur dignité. — De toutes
ces innovations de la loi de 1880, la plus importante
est sans contredit celle qui consiste à faire élire le
président et le vice-président de chaque conseil de
prud'hommes par les membres qui le composent. A
la Chambre et au Sénat on la justifia en disant que
la nomination par le chef de l'État était une mesure
de défiance à l'égard des conseils, qu'elle donnait la
prépondérance aux patrons parmi lesquels le président était presque toujours choisi, qu'il y avait là
une grande injustice. Mais ce qui prouve que cette
injustice n'était pas aussi grande qu'on le disait, et
que la réforme n'était pas très urgente, c'est que
la juridiction des conseils a très bien fonctionné de
1853 à 1880, sans provoquer de plaintes de la part des
ouvriers. Il est toutefois plus logique et plus conforme aux principes de l'organisation des conseils de
prud'hommes, que le président soit nommé à l'élection, attendu que c'est également de cette façon que
sont nommés les membres du conseil. Mais l'égalité entre patrons et ouvriers se trouve rompue, car
la loi de 1880 n'a pas abrogé l'article 11 de la loi du
1er juin 1853 qui décide, que le bureau général ou de
jugement de chaque conseil est composé, *indépendamment du président ou du vice-président,* d'un
nombre égal de prud'hommes patrons et de prud'hommes ouvriers ; de telle sorte que maintenant l'élément
auquel appartient le président a dans le bureau de
jugement un membre de plus que l'autre. En tout
cas, si l'on crut par cette réforme assurer le bon fonc-

tionnement des conseils de prud'hommes, on se trompa, car elle provoqua chez les patrons le plus grand mécontentement. Ils s'insurgèrent en quelque sorte contre la loi de 1880, et ceux de Lille, Angers et Armentières s'ingénièrent à trouver des moyens pour empêcher les conseils de prud'hommes de ces villes de se constituer et de fonctionner. On se vit obligé de faire une nouvelle loi pour assurer l'application de celle de 1880.

Cette loi, la loi du 11 décembre 1884, décide, que lorsque les électeurs patrons ou ouvriers s'abstiendront collectivement de voter, lorsqu'ils éliront des candidats notoirement inéligibles, lorsque ceux qui seront élus refuseront de siéger ou d'accepter le mandat, il sera procédé à de nouvelles élections. A la suite de celles-ci, les candidats régulièrement élus, acceptant le mandat et consentant à siéger, forment à eux seuls le conseil, pourvu qu'ils soient au moins en nombre égal à la moitié du nombre des membres dont le conseil aurait dû être composé.

Les manœuvres collectives, soit des patrons, soit des ouvriers, ne peuvent donc plus empêcher le fonctionnement des conseils de prud'hommes. Il faudrait pour cela qu'elles soient employées à la fois par les uns et par les autres. Mais l'application de la loi du 11 décembre 1884 rend impossible celle d'un certain nombre de règles fondamentales de l'organisation des prud'hommes, aussi cette loi a-t-elle dû décider qu'il y serait alors fait exception. C'est ainsi que lesmembres du bureau de conciliation pourront être tous deux patrons ou tous deux ouvriers, que les membres ouvriers et les membres patrons pourront être en nombre inégal dans le bureau de jugement, que le président et le vice-président pourront appartenir tous deux au même élément du conseil. Cette perspective de voir ainsi les conseils de prud'hommes fonctionner sans qu'ils y soient représentés, a fait renoncer les patrons aux manœuvres visées par la loi de 1884.

Indépendamment des lois et décrets cités par nous jusqu'ici, les conseils de prud'hommes ont encore fait l'objet de nombreux textes législatifs plus spéciaux et moins importants. La loi du 14 août 1850 permet le visa pour timbre et l'enregistrement en débet des actes de procédure, des jugements et des actes nécessaires à leur exécution, auxquels donnent lieu les contestations entre patrons et ouvriers portées devant les prud'hommes, ainsi que celles d'entre elles qui sont portées ensuite en appel ou devant la Cour de cassation. La loi du 22 février 1851 attribue compétence aux conseils de prud'hommes pour les difficultés relatives au contrat d'apprentissage. Les décrets des 16 novembre 1854, 18 septembre 1860, la loi du 4 juin 1864 ont organisé le régime disciplinaire des conseils de prud'hommes. La loi du 23 février 1881 a étendu cette institution à l'Algérie. Enfin la loi du 24 novembre 1883, a modifié l'article 4 de la loi du 1er juin 1853, pour permettre aux associés en nom collectif non patentés, d'être électeurs et éligibles aux conseils de prud'hommes.

Cette multiplicité de lois et de décrets qui régissent l'institution des conseils de prud'hommes a fait songer depuis longtemps à leur codification, c'est-à-dire à leur abrogation et à leur remplacement par une loi unique. Les juges des conseils de prud'hommes, qui, il ne faut pas l'oublier, ne sont pas des magistrats de profession, ont beaucoup de peine à reconnaître les articles qui n'ont pas été abrogés, et les limites exactes de leur compétence. D'un autre côté, la législation actuelle remonte pour la plus grande partie à 1806 et à 1809, c'est-à-dire qu'elle n'est plus du tout en rapport avec l'état actuel de l'industrie, bien différent de ce qu'il était à cette époque. Enfin il serait utile d'étendre cette juridiction des prud'hommes à de nouvelles catégories de justiciables. Aussi depuis une dizaine d'années s'est-on occupé sérieusement de cette codification que le gouvernement provisoire de 1848 avait déjà eu l'intention d'effectuer. Divers projets ont été déposés à la Chambre, le 29 juillet 1884, le 12 décembre 1885, le 2 février 1886 et enfin le 21 décembre 1889 ; celui-ci fut voté par la Chambre le 27 mars 1892, soumis ensuite au Sénat il fut voté par cette assemblée, mais profondément modifié, le 11 juin 1894. Ces deux projets de la Chambre des députés et du Sénat sont d'accord sur trois points, l'extension du chiffre de la compétence, la création de prud'hommes mineurs, enfin la substitution du tribunal civil au tribunal de commerce comme juge d'appel. Mais les deux projets diffèrent sur beaucoup d'autres points. Disons seulement que le Sénat n'a pas voulu, comme la Chambre des députés, étendre l'institution des prud'hommes à l'industrie des transports, au commerce et à l'agriculture.

Des propositions plus spéciales ont aussi été déposées à la Chambre et au Sénat. Les unes avaient pour but la création de prud'hommes d'appel, et d'autres l'extension de l'institution des prud'hommes à l'industrie des chemins de fer, à l'industrie des mines, au commerce, à l'agriculture, aux patrons et salariés des entreprises théâtrales, aux patrons et salariés de l'enseignement primaire et maîtres internes de l'enseignement secondaire. Aucune de ces propositions n'a abouti. Les projets de codification générale ont beaucoup plus de chance d'être votés, car ils reproduisent la plupart des innovations contenues dans ces propositions spéciales, et au liou d'ajouter une loi de plus à celles qui existent déjà, ils les suppriment toutes pour les remplacer par une loi unique. Espérons qu'ils aboutiront bientôt et que l'institution des prud'hommes régénérée par eux, fonctionnera désormais à la satisfaction de tous, patrons et ouvriers.

L'étude que nous allons faire sur l'institution des conseils de prud'hommes comprendra trois parties : la première sera consacrée à l'Organisation, la seconde à la Compétence, la troisième à la Procédure et aux Voies de recours.

Dans ces trois parties nous étudierons principale-

ment la législation en vigueur, mais nous signalerons
les innovations contenues dans les nouveaux projets
de loi, quand nous rencontrerons des points de la
législation actuelle qui auront été modifiés par eux.

Enfin nous parlerons dans un appendice d'une juridiction qui ressemble par certains côtés à celle des
conseils de prud'hommes, mais qui est beaucoup plus
ancienne, la juridiction des prud'hommes pêcheurs
de la Méditerranée.

PREMIÈRE PARTIE

ORGANISATION

CHAPITRE PREMIER

DE L'INSTITUTION DES CONSEILS DE PRUD'HOMMES.

Le premier conseil de prud'hommes qui fut créé en France, celui de la ville de Lyon, le fut par une loi, la loi du 18 mars 1806. Mais depuis cette loi un décret suffit, car elle a donné le droit au gouvernement, dans son article 34, d'en établir d'autres, par des règlements d'administration publique délibérés en Conseil d'État, dans toutes les villes de fabrique où il le jugerait convenable. Le gouvernement peut prendre lui-même l'initiative de la création (arg. du même art. 34); celle-ci peut aussi lui être demandée par les Chambres de commerce, les Chambres consultatives des arts et manufactures, une pétition des parties intéressées, etc., mais dans tous les cas, il faut, pour que le décret intervienne, un avis motivé des Chambres de commerce ou des Chambres consultatives des arts et manufactures (Décret du 11 juin 1809, art. 2,

Loi du 1er juin 1853, art. 1er). Lorsque la création du conseil est demandée par les Chambres consultatives des arts et manufactures, ou par les Chambres de commerce, cette demande doit être adressée au préfet qui la transmet ensuite au ministre du commerce. D'après une circulaire ministérielle du 5 juillet 1853, elle doit être accompagnée des pièces suivantes : 1° délibération du conseil municipal portant promesse de payer les dépenses ; 2° un tableau indiquant toutes les industries justiciables du conseil projeté, la division de ces industries en catégories, le nombre des prud'hommes à élire dans chacune d'elles et enfin le nombre des patrons et des ouvriers électeurs ou non que renferment ces catégories.

Il peut se faire qu'il n'existe pas dans le département de Chambre de commerce ou de Chambre consultative des arts et manufactures et que le gouvernement ne songe pas à créer le conseil de prud'hommes que désirent les patrons et les ouvriers d'une ville de fabrique. En pareil cas M. Mollot, dans son livre sur la compétence des conseils de prud'hommes, pensait qu'il fallait s'adresser à la Chambre de commerce ou à la Chambre consultative des arts et manufactures la plus voisine. Je pense au contraire que les ouvriers ou les patrons n'ont qu'à s'adresser au gouvernement par l'intermédiaire d'un député ou par une pétition ; celui-ci pouvant créer un conseil de sa propre initiative, rien ne s'oppose à ce qu'il le puisse quand on le lui demande. Le cas que nous venons de prévoir se présentera rarement, car il y a des Chambres de commerce et des Chambres consultatives des arts et manufactures dans presque tous les départements, je ne sais même pas s'il y en a un où il n'y en ait pas, mais il peut se faire que ces Chambres se refusent à former la demande et alors on devra encore s'adresser au gouvernement. Mais, dira-t-on, ces Chambres qui n'ont pas voulu demander la création du conseil, quand on les sollicitera de donner leur avis ne manqueront pas d'en donner un défavorable ? C'est en effet ce qui arrivera le plus souvent, mais l'avis qu'elles donnent ne lie pas le gouvernement et il peut passer outre, il doit seulement le leur demander.

Le décret détermine : 1º le nombre des membres du conseil, 2º la circonscription, 3º les industries qui seront représentées. On s'arrangera de façon à ce qu'elles soient toutes représentées, si les différents genres d'industrie soumis à la juridiction du conseil sont peu nombreux. S'il y a un trop grand nombre d'industries différentes, le décret les classe en catégories en indiquant le nombre de membres à élire par chaque catégorie. Ainsi le décret du 9 mars 1864 créant un conseil de prud'hommes à Dijon, classe les industries de cette ville en 4 catégories qui ont chacune à élire deux patrons et deux ouvriers. Mais il ne faudrait pas croire que toutes les catégories ont à élire le même nombre de délégués dans tous les conseils. Ainsi le conseil des produits chimiques de Paris comprend cinq catégories : la première doit élire trois patrons et trois ouvriers, la seconde cinq patrons et cinq ouvriers, la troisième quatre patrons et quatre ouvriers, la quatrième et la cinquième chacune deux patrons et deux ouvriers. Enfin le décret détermine devant quel tribunal sont portés les appels du conseil.

Le décret d'institution doit être interprété restrictivement relativement aux industries qui sont soumises à la juridiction du conseil. Toutes celles qui n'y sont pas mentionnées en termes formels y échappent, ce qui va de soi puisqu'il s'agit d'un tribunal d'exception. Le gouvernement n'est d'ailleurs pas obligé de soumettre toutes les industries du ressort du conseil à sa juridiction, mais sa liberté est restreinte en sens opposé ; il ne peut pas étendre l'institution à toutes sortes d'industries, mais seulement à celles qui constituent des manufactures, des fabriques ; les lois relatives aux conseils de prud'hommes ne parlent que de celles-là. Mais que faut-il entendre par fabrique ? Ce mot est très élastique et tel métier qui est exercé dans une usine par de nombreux ouvriers avec le concours de machines, et qui est considéré comme une fabrique, ne l'est plus lorsqu'il n'est exercé que par une personne seule ou avec un ou deux ouvriers. On est donc forcé de laisser à cet égard un certain pouvoir d'appréciation au gouvernement. Mais ce pouvoir d'appréciation ne va pas jusqu'à lui permettre de considérer comme fabrique des industries purement civiles comme l'industrie des mines et les industries agricoles (1).

Modifications apportées par les projets de loi votés à la Chambre et au Sénat. — Les projets de loi votés

(1) Douai, 8 janvier 1869, S. 69.2.57.

par la Chambre et celui voté par le Sénat ont modifié
sur deux points les règles que nous venons d'exposer.

Actuellement la création d'un conseil de prud'hommes est toujours facultative pour le gouvernement,
dans les projets du Sénat au contraire, elle deviendrait obligatoire pour lui « lorsqu'elle serait demandée par le conseil municipal de la commune, où il
doit être établi, avec avis favorable du conseil général du département, du ou des conseils d'arrondissement du ressort indiqué et de la majorité des conseils
municipaux des communes devant composer la circonscription projetée ». Dans le projet voté à la
Chambre on n'exigeait pas l'avis des conseils d'arrondissement. L'avis du conseil général est exigé dans
l'intérêt de la minorité des communes qui s'opposent
à la création du conseil, afin que cette création ne leur
soit pas imposée, avec les dépenses qui en résulteront,
sans qu'elle soit utile.

Le deuxième point, où la législation actuelle se
trouve modifiée dans les projets de loi, est le suivant.
Les industries soumises à la juridiction du conseil
ne seraient plus déterminées par le décret, mais
toutes celles constituant une manufacture, une fabrique ou un atelier, ainsi que l'industrie des mines,
et situées dans le ressort du conseil, seraient de plein
droit soumises à sa juridiction.

Lors de l'établissement des prud'hommes à Paris
on s'est demandé s'il était possible d'établir plusieurs
conseils dans la même ville. Le doute venait du texte
de l'article 34 portant : « qu'il pourrait être établi un

conseil de prud'hommes dans les villes de fabrique
où le gouvernement le jugerait convenable ». Cet
article, si on s'en tient uniquement à son texte, ne
permet au gouvernement de créer qu'un conseil de
prud'hommes dans une ville, mais tel ne peut être
son esprit, car on ne songeait pas alors à la création
de deux conseils dans la même ville ; son esprit est
plutôt de laisser la liberté la plus complète au gouvernement et par conséquent de lui permettre d'en créer
plusieurs dans la même ville, s'il le juge convenable.
Quoi qu'il en soit, la question à l'heure actuelle n'est
plus controversée, Paris, Lyon et St-Étienne ont
plusieurs conseils de prud'hommes. Paris en a quatre. Elle fut dotée assez tard de cette juridiction,
des considérations juridiques en furent la cause, on
craignait que les ouvriers parisiens plus turbulents
qu'ailleurs n'en abusassent. On en créa d'abord un
en 1844, à titre d'essai, pour l'industrie des métaux, il
fonctionna très bien, aussi en 1847 on en créa trois
autres, un pour les produits chimiques, un pour les
tissus et un pour un certain nombre d'autres industries et qui reçut le nom de conseil des industries
diverses. La classification ainsi faite par l'ordonnance
du 9 juin 1847 fut modifiée par le décret du 26 juillet
1858. Enfin le 22 mars 1890 un décret supprima le
conseil des industries diverses et rattacha ces industries à celles des métaux, sauf celles du bâtiment pour
lesquelles il créa un conseil spécial, dont l'organisation fut modifiée peu de temps après par décret des
10-12 juin 1890. Lyon a deux conseils, un pour la

soierie, l'autre pour le bâtiment et le fer : ce dernier ne date que de 1867. Il y en a également deux à St-Étienne, l'un pour les tissus, l'autre pour les industries diverses.

Nombre des membres des conseils de prud'hommes.

Le nombre des membres des conseils de prud'hommes était à l'origine laissé à l'arbitraire du gouvernement, c'est du moins ce que l'on peut induire de l'article 34 de la loi du 18 mars 1806 qui, en même temps qu'il réservait au gouvernement la faculté de créer des conseils de prud'hommes dans d'autres villes que Lyon, disait que la composition pourrait en être différente. Quant au décret du 11 juin 1809, il décide également dans son article 1er que le nombre des membres pourra être plus ou moins considérable, mais dans son article 2 où il détermine suivant quelles règles s'opérera le renouvellement des membres, il ne s'occupe que des conseils en nombre impair de 5 à 15 membres. Faut-il voir dans ces chiffres de 5 et 15 membres un minimum et un maximum ? La controverse ne s'est élevée entre les auteurs qu'à propos du maximum. M. Mollot était pour l'affirmative. Mais tel n'était pas l'avis du gouvernement, ainsi qu'on peut en juger par une ordonnance du 15 juin 1832 dans laquelle il porte de 15 à 25 le nombre des membres du conseil de Lyon. Cette controverse n'a plus de raison d'être depuis le décret du 27 mai 1848, qui déclare expressément dans son article 2, que le nombre des prud'hommes sera au minimum de 6 membres et au maximum de 26. La loi de 1853, elle, ne fixe que le minimum qui est de 6 membres comme dans le décret de 1848, mais non compris le président et le vice-président, ce qui fait qu'en réalité le minimum est de 8 membres. Cependant il y avait un maximum dans le projet du gouvernement, il était de 16 membres; mais il a été supprimé, la commission ayant fait observer qu'il valait mieux laisser assez de latitude à l'administration, pour qu'elle pût déterminer le nombre des membres selon les exigences de chaque localité, sans quoi on se verrait obligé d'introduire des exceptions pour Paris et certains autres centres manufacturiers, ou créer plusieurs conseils de prud'-hommes dans la même ville, ce qui peut quelquefois présenter des inconvénients. Le minimum fixé par la loi de 1853 s'est trouvé abaissé de 8 membres à 6 par la loi du 7 février 1880, car cette loi ayant conféré aux prud'hommes le droit d'élire leur président et leur vice-président, ceux-ci se trouvent dès lors pris dans les 6 membres du conseil.

Après avoir dit que le nombre des prud'hommes serait au minimum de 6 et au maximum de 26, le décret de 1848 dans son article 2 ajoutait : « Et toujours en nombre pair. » Autrefois au contraire les membres des conseils de prud'hommes étaient toujours en nombre impair, cela était une conséquence forcée de l'article 2 du décret du 21 juin 1809 décidant que les patrons auraient toujours dans le conseil un membre de plus que les chefs d'ateliers, les contre-maîtres, les teinturiers ou les ouvriers. En effet, si les patrons étaient en nombre pair, les ouvriers, devant être moins nombreux d'une unité, étaient en nombre impair, le nombre total était donc un nombre impair. Au contraire le décret de 1848 ayant décidé que les patrons et les ouvriers auraient dans le conseil un nombre de membres égal, il en résultait forcément que le nombre total serait toujours un nombre pair.

Enfin signalons encore comme une innovation des décrets de 1848 la suppression des juges suppléants, qui existaient autrefois dans les conseils au nombre de deux, un patron et un ouvrier, en vertu de l'article 18 du décret du 11 juin 1809, et qui étaient destinés à remplacer les membres qui viendraient à mourir ou à donner leur démission. En 1853 on réclama, lors de la discussion de la loi, leur rétablissement, sous prétexte que « ceux qui seraient ainsi nommés suppléants, feraient une sorte de stage et seraient préparés pendant leur suppléance à remplir les fonctions de juges auxquelles ils seraient appelés plus tard ». Mais la commission repoussa cet amendement en justifiant sa décision par les raisons suivantes : « Que le véritable noviciat pour les membres des conseils de prud'hommes était dans la pratique de la profession et non dans l'exercice des fonctions de juges ; que les suppléants étant appelés à faire ni plus ni moins que les titulaires, il valait mieux augmenter le nombre des titulaires que d'ajouter sans motifs sérieux, un degré de plus à l'échelle judiciaire. »

Le projet de loi voté au Sénat en 1894 a considérablement augmenté le minimum des membres des conseils de prud'hommes et l'a porté de 6 à 16. La raison de cette augmentation était que d'après le projet de loi, l'appel des sentences du conseil était porté devant l'assemblée générale moins les membres ayant déjà statué. Or le nombre des juges ayant statué ne peut pas être inférieur à 5 en vertu de l'article 11 de la loi du 1ᵉʳ juin 1853 ; avec le minimum de 6 membres il ne restait donc plus qu'un membre pour constituer le bureau d'appel, tandis qu'avec le minimum de 16 il en reste 11.

Enfin le projet de loi voté par le Sénat veut qu'il y ait dans le conseil au moins deux patrons et deux ouvriers par chaque catégorie d'industrie.

CHAPITRE II

ÉLECTION DES MEMBRES DES CONSEILS DE
PRUD'HOMMES.

SECTION I. — **Conditions d'électorat et d'éligibilité**.

Les membres des conseils de prud'hommes comme
ceux des tribunaux de commerce sont nommés à
l'élection. Il en a toujours été ainsi, mais les conditions nécessaires pour pouvoir être électeur ou éligible ont beaucoup varié. Ces conditions sont relatives :
1° à la profession ; 2° à l'âge, au temps d'exercice de
l'industrie et au domicile pour les ouvriers ; à l'âge,
au temps depuis lequel ils sont patentés et au domicile pour les patrons. Nous examinerons d'abord
quelles sont les professions qui en principe donnent
le droit d'être électeur et éligible et ensuite les conditions que doivent en outre réunir ceux qui exercent
ces professions.

Sous l'empire de la loi de 1806, étaient seuls électeurs : les patrons et chefs d'ateliers, les ouvriers ne
pouvaient prendre part à l'élection. Le décret de 1809
fut un peu plus libéral et conféra l'électorat aux contre-maîtres, aux teinturiers et aux ouvriers patentés.
Mais la plupart des ouvriers étaient encore écartés,
car les ouvriers patentés, aux termes de l'article 29

n° 3 de la loi du 1ᵉʳ brumaire an VII étaient « ceux qui travaillaient chez eux avec ou sans compagnons, avec ou sans enseigne ou boutique, pour un patron ou pour les particuliers », c'est-à-dire que les ouvriers travaillant en atelier n'étaient pas électeurs, or ceux-ci sont de beaucoup les plus nombreux. Ce nombre déjà si restreint des ouvriers prenant part à l'élection des membres des conseils de prud'hommes, le fut encore par contre-coup d'une loi du 25 avril 1844, loi qui exonéra de la patente les ouvriers travaillant chez eux, lorsqu'ils n'avaient ni compagnons, ni enseigne, ni boutique, et qui ne considère pas comme compagnons, la femme travaillant avec le mari, les enfants travaillant avec le père. Aussi une réforme s'imposait. Elle était déjà à l'étude sous Louis-Philippe et on était absolument décidé à admettre au vote les ouvriers, on ne discutait que sur les conditions à exiger d'eux. Survint alors la révolution de 1848, la réforme n'en fut pas retardée, bien au contraire, car elle était une satisfaction donnée aux revendications des ouvriers. Le décret du 27 mai 1848, réorganisant les conseils de prud'hommes, rendit tous les ouvriers, patentés ou non, aptes à figurer sur les listes électorales de ces conseils, mais il tomba dans l'excès contraire à celui de la loi de 1806 et du décret de 1809 en faisant figurer dans la catégorie des patrons les contre-maîtres, chefs d'ateliers et ouvriers patentés (art. 12). Les contre-maîtres et les chefs d'ateliers ne sont ni des patrons, ni des ouvriers. Comme les patrons ils commandent aux ouvriers, comme les ouvriers ils travaillent pour le compte du patron et non pour le leur. Les contre-maîtres et chefs d'ateliers se rapprochent à mon avis davantage des ouvriers que des patrons, ce fut également celui du législateur de 1853, qui les remit dans la catégorie des ouvriers.

A Lyon, Nîmes et St-Etienne les chefs d'ateliers travaillent pour le compte d'un patron qui leur fournit les matières premières, mais les ouvriers qu'ils emploient sont payés par eux et n'ont de rapport qu'avec eux, de sorte que vis-à-vis des patrons pour le compte desquels ils travaillent, les chefs d'ateliers sont des ouvriers, et vis-à-vis des ouvriers qu'ils emploient, ils sont des patrons. Étant ainsi tour à tour patrons et ouvriers, ils ne devraient pas dans la composition des conseils de prud'hommes être considérés comme ouvriers. Aussi un décret du 6 juin 1848 avait décidé que dans les villes où la situation serait la même qu'à Lyon, Nîmes et St-Étienne, les conseils de prud'hommes seraient divisés en deux assemblées, composées, l'une de patrons et de chefs d'ateliers pour juger les contestations entre patrons et chefs d'ateliers, et l'autre de chefs d'ateliers et d'ouvriers pour juger les contestations entre chefs d'ateliers et ouvriers, mais ce décret n'a jamais été exécuté. Un système plus simple serait le suivant: Pour les différends entre patrons et chefs d'ateliers, s'il y avait dans le bureau de conciliation et dans le bureau de jugement des chefs d'ateliers, ils compteraient comme membres ouvriers, car alors leurs intérêts sont ceux des ouvriers, au contraire pour les différends entre chefs d'ateliers et ouvriers on les compterait comme patrons, car leurs intérêts sont dans ce cas ceux des patrons.

Dans la loi de 1853 les mêmes professions que dans le décret du 27 mai 1848 confèrent en principe le droit d'être électeur et éligible au conseil de prud'-hommes, seulement les conditions d'âge et de résidence ne sont plus les mêmes et la condition de la patente ainsi que celle d'exercice de la profession pendant un certain temps, que la loi de 1848 avait supprimées, sont rétablies. Enfin, comme nous venons de le voir, la répartition des professions entre la catégorie des patrons et celle des ouvriers est différente.

Certaines expressions dont nous nous sommes servi avec la loi de 1806, les décrets de 1809 et 1848, ont besoin d'explication. Ce sont celles de patron, chefs d'ateliers et contre-maîtres.

Remarquons tout d'abord que le mot *patron* ne se trouve pas dans la loi de 1806 ni dans le décret de 1809, mais on y trouvait les expressions de négociant fabricant, marchand fabricant. Or par ces expressions, on entend: *les personnes qui font subir une transformation ou une modification à des matières premières, par des ouvriers qu'ils ont sous leurs ordres, pour les revendre ensuite après qu'ils les ont ainsi fait façonner.* Ceux-là seulement peuvent faire partie du conseil de prud'hommes, mais non ceux qui, achetant des marchandises, les revendent comme ils les ont achetées, sans leur avoir fait subir aucune transformation. Dans la loi du 1er juin 1853, nous trouvons le mot patron substitué à ceux de négociant fabricant et de marchand fabricant, mais il désigne les mêmes personnes ; la preuve nous en est fournie par la circulaire du ministre du commerce du 5 juillet 1853 suivant laquelle « tout industriel qui convertit en produits des matières à lui appartenant doit être considéré comme patron ».

Pour que les patrons puissent être électeurs et faire partie des conseils de prud'hommes, il faut qu'ils exercent encore la profession qui leur donne ce droit, s'ils sont retirés des affaires ils ne le peuvent plus. Cependant, on a admis une règle différente pour les tribunaux de commerce, les anciens commerçants peuvent faire partie du tribunal tout comme ceux qui le sont encore. Aussi sous Louis-Philippe, lorsqu'on se préoccupait de modifier la législation alors existante qui était celle de 1806 et de 1809 les conseils de Lyon, St-Étienne et St-Chamond avaient demandé que les anciens marchands fabricants puissent être élus, mais le conseil des manufactures consulté à ce sujet fut d'un avis contraire et en 1848 on n'a pas donné satisfaction à cette demande. Les raisons suivantes en furent données : les affaires de la compétence des prud'hommes exigeant des connaissances techniques, il valait mieux que ceux-là seulement qui exerçaient encore leur profession pussent être élus, car ils devaient mieux être au courant des perfectionnements, que ceux qui s'étaient retirés des affaires et par conséquent plus aptes à remplir leurs fonctions de juges.

L'absence d'atelier n'exclut pas la qualité de patron. Ainsi il a été jugé qu'un marchand fabricant, qui fait le commerce de la bijouterie en boutique et qui n'a pas d'atelier, mais qui emploie des ouvriers à façon travaillant pour son compte sur des dessins et avec des matières premières qu'il leur fournit, doit être considéré comme patron (Conseil d'Etat, 31 mars 1864, Lebon, p. 312, D. 65.3.320).

Les patrons qui exercent plusieurs professions rangées dans des catégories différentes sont éligibles dans toutes ces catégories (Conseil d'Etat, 8 août 1891, D. 92.3.126). Mais ils ne sont pas éligibles dans une catégorie lorsqu'ils n'exercent aucune des professions qui y sont comprises (même arrêt).

Le chef d'atelier est, d'après la circulaire ministérielle du 5 juillet 1853, « l'ouvrier à façon qui, dans son domicile, soit seul, soit avec plusieurs compagnons ou apprentis, met en œuvre des matières qui ont été confiées par autrui ». Les ouvriers patentés que le décret de 1848 avait mis dans la catégorie des patrons rentrent très bien dans cette définition et font partie maintenant de la catégorie des ouvriers. En 1853, lors de la discussion de la loi, on exprima la crainte que les chefs d'ateliers étant bien peu nombreux par rapport aux ouvriers, dans la catégorie desquels on les avait mis, ceux-ci ne s'entendissent, pour n'élire que des prud'hommes pris parmi eux, de telle sorte que les chefs d'ateliers n'auraient jamais fait partie des conseils, ce qui aurait été regrettable, attendu qu'ils sont ordinairement plus instruits et plus intelligents que les ouvriers en général. Aussi un article additionnel fut-il proposé pour limiter le nombre des ouvriers qui pourraient être élus dans les conseils de prud'-hommes de Lyon, St-Etienne et Nîmes. Mais la commission jugea cet article inutile et il ne fut pas inséré dans le projet de loi. Le rapporteur avait fait remarquer que le nombre des ouvriers et celui des chefs d'ateliers ne serait pas aussi disproportionné qu'on le supposait, à cause des conditions auxquelles les ouvriers étaient soumis pour être électeurs, et notamment la condition d'une résidence assez prolongée qui en éliminerait un assez grand nombre, tandis que cette condition n'éliminerait que très peu de chefs d'ateliers, ceux-ci étant beaucoup plus sédentaires. D'ailleurs on reconnut au gouvernement le pouvoir de faire la limitation demandée par ceux qui avaient proposé l'article additionnel, comme résultant des principes sur lesquels la loi était basée sans qu'il fût nécessaire d'insérer un article spécial le lui donnant expressément.

Le *contre-maître* est un ouvrier chargé par le patron de diriger et de surveiller les autres, de leur distribuer l'ouvrage. Comme eux il reçoit un salaire, mais au lieu d'être payé à la journée ou à la façon, il est payé au mois ou le plus souvent à l'année. Il nous reste encore à définir ce que l'on entend par *teinturier*, expression qui se trouve dans le décret de 1809 et qui n'a pas été reproduite dans la loi de 1853. Le *teinturier* est un ouvrier qui teint à façon les produits d'une fabrique; mais il faut distinguer suivant que la couleur est fournie par lui ou par celui pour le compte duquel il travaille, dans le premier cas il doit être rangé dans la catégorie des patrons, dans le second dans celle des chefs d'ateliers ou des ouvriers, c'est ce que l'on doit induire des définitions que nous avons tirées de la circulaire de 1853.

Il a été décidé que le directeur d'une usine n'est ni un contre-maître ni un patron, ni un ouvrier (Cons. d'Etat, 1er mars 1878 ; Lebon, 1878, p. 256, D. 79, 3, 20).

Passons maintenant à l'étude des conditions nécessaires pour être électeur et éligible, autres que celles relatives à la profession. Dans la loi de 1806 et le décret de 1809, ces conditions étaient l'obligation de se faire inscrire sur un registre *ad hoc* à la mairie, la présentation de la patente et ne pas avoir été mis en faillite. Mais, pour être élus, les patrons comme les chefs d'ateliers, devaient exercer leur profession depuis 6 ans et être âgés de 30 ans au moins. En outre, les chefs d'ateliers devaient savoir lire et écrire, et ne pas être rétentionnaires de matières à employer par les ouvriers. En 1848, la patente ne fut plus exigée, tous les ouvriers et compagnons purent être électeurs à la condition d'être âgés de vingt et un ans accomplis et de résider depuis six mois au moins dans la circonscription du conseil de prud'hommes (art. 9). Les patrons devaient en outre être patentés depuis un an au moins. Pour être élu, l'âge requis avait été porté de 30 à 25 ans, mais on exige que l'élu soit domicilié depuis un an au moins dans la circonscription du conseil (art. 10). La condition d'exercer la profession

depuis un certain temps ne figure plus dans le décret,
celle de savoir lire et écrire ne se trouvait pas non plus
dans le projet ; un amendement fut proposé tendant à
leur rétablissement, mais la partie de cet amendement relative à la seconde condition fut seule acceptée, l'autre fut rejetée sur cette remarque faite par le
ministre du commerce, que beaucoup d'ouvriers s'é-
taient trouvés sans place pendant la révolution, et
avaient été obligés, lorsqu'elle fut terminée, d'exercer
la première profession qui s'était offerte à eux, que
d'ailleurs les ouvriers changent souvent de métier,
qu'introduire cette condition dans le décret, ce serait
presque les priver du droit d'être élus au conseil de
prud'hommes.

Le décret de 1848 accordait trop facilement le droit
d'être électeur. Ordinairement à vingt et un ans l'ouvrier n'est pas encore bien habile dans son métier.
D'autre part, un ouvrier, qui ne réside que depuis
6 mois dans la circonscription du conseil de prud'hommes, n'a pas encore eu le temps de bien connaître ceux
qu'il est appelé à élire, son vote n'est pas aussi réfléchi
que celui d'un ouvrier plus âgé et résidant depuis plus
longtemps dans la circonscription. La résidence prolongée d'un ouvrier dans le même endroit prouve qu'il
est travailleur, consciencieux et régulier ; il présente
donc des garanties de moralité plus grandes. Ce sont
ces raisons qui ont déterminé le législateur de 1853 à
soumettre à des conditions plus rigoureuses le droit
à l'électorat et à l'éligibilité aux conseils de prud'hommes, conditions encore exigées actuellement, car les

dispositions de la loi de 1853 sur ce point n'ont point été abrogées.

Depuis la loi du 1er juin 1853, les patrons doivent pour être électeurs : avoir vingt-cinq ans accomplis, être patentés depuis cinq ans, être domiciliés depuis trois ans dans la circonscription du conseil. Pour les associés en nom collectif que l'article 21 d'une loi du 15 juillet 1880 a exonérés de la patente, la condition de la patente a été remplacée par celle de cinq ans d'exercice de la profession, en vertu d'une loi du 24 novembre 1883 (1).

Les ouvriers, chefs d'ateliers et contre-maîtres doivent avoir vingt-cinq ans accomplis, exercer la profession depuis plus de cinq ans et être domiciliés depuis plus de trois ans dans la circonscription (2). Patrons et ouvriers doivent en outre appartenir aux fabriques situées dans le ressort du conseil tel qu'il est déterminé dans le décret d'institution, et être inscrits sur les listes électorales.

Pour être éligible il faut avoir 30 ans, savoir lire et écrire et réunir toutes les conditions exigées pour l'électorat, excepté toutefois l'inscription sur les listes électorales. L'inscription ou la non-inscription sur les listes électorales n'a aucun effet sur l'éligibi-

---

(1) Ces associés sont tous les associés, autres que l'associé principal, des sociétés en nom collectif, formées pour l'exercice des professions rangées dans le tableau C annexé à la loi du 15 juillet 1880.

(2) Une loi du 22 juin 1854 avait ajouté à ces conditions celle d'avoir un livret, mais elle a été abrogée par une autre loi du 2 juillet 1890 ainsi que toutes les autres dispositions des lois et décrets relatifs aux livrets d'ouvriers.

lité. L'inscription ne rend pas éligible une personne qui ne remplit pas les conditions nécessaires pour l'être, et le défaut d'inscription n'empêche pas celui qui les remplit d'être valablement élu. Celui qui est inscrit ne peut même pas invoquer ce fait comme une preuve de son éligibilité et l'inscription d'un patron sur les listes électorales en qualité d'ouvrier ne saurait lui permettre d'être élu comme prud'homme ouvrier (Conseil d'État, 23 juillet 1883, D. 85.3.38 ; 18 juillet 1891, D. 92.3.126 ; 8 août 1891, D. 92.3.126 ; 17 mars 1876, Lebon, p. 285 ; 25 mars 1893, Lebon, p. 313 ; 20 avril 1888, D. 89.3.76, Lebon, p. 368).

L'application des règles que nous venons d'énumérer sur l'électorat et l'éligibilité a donné lieu dans la pratique à certaines difficultés sur lesquelles le conseil d'État a été appelé à se prononcer.

Un même individu exerce deux professions différentes. Si toutes deux sont justiciables du conseil de prud'hommes, il n'y a pas de difficulté, l'une et l'autre le rendent électeur et éligible au conseil de prud'hommes. Mais supposons maintenant que de ces deux professions, l'une seulement est justiciable du conseil de prud'hommes, devra-t-il toujours être reconnu comme électeur et éligible ? Supposons encore qu'il travaille à la fois pour son compte, c'est-à-dire comme patron, et pour le compte d'autres fabricants, c'est-à-dire comme ouvrier, devra-t-on le considérer comme électeur patron ou électeur ouvrier, ou tous les deux à la fois ? Il résulte de nombreux arrêts du conseil d'Etat que dans les cas de ce genre, il faut voir quelle est

la nature des occupations habituelles et journalières
de la personne ; d'après la nature de ces occupations,
on déterminera si cette personne est électeur ou éligible
au conseil de prud'hommes et en quelle qualité, mais
on ne devra tenir aucun compte de ses occupations
accidentelles. C'est ainsi que le conseil d'Etat a décidé
qu'un ouvrier qui avait été nommé employé dans une
mairie et qui pendant les heures de liberté que lui
laissait son emploi travaillait pour des patrons, ne
pouvait être considéré comme un ouvrier et par suite
n'était ni électeur ni éligible au conseil de prud'-
homme (Arrêt du 23 juin 1882, D. 83.3.125). De même
pour un employé d'une société coopérative de con-
sommation, qui, dans le courant de l'année, avait été
préposé par cette société, en considération de son ancienne profession d'ouvrier menuisier, à la surveil-
lance de quelques travaux de menuiserie et même
occupé personnellement à ces travaux (Conseil d'Etat,
27 déc. 1892, D. 93.3.56). Enfin un arrêt du 2 avril
1892 considère comme ouvrier, et électeur et éligible
en cette qualité, celui qui travaille plus fréquemment
pour des patrons que pour son propre compte (D. 93.
3.83, *id.*, 24 juin 1870, Lebon, p. 806).

Les conditions relatives à la patente et à l'exercice
de la profession ont donné lieu, elles aussi, à l'interprétation du conseil d'État. Il a décidé, que la circons-
tance que la patente à laquelle un patron était impo-
sable aurait été inscrite par erreur sous un autre nom,
sans qu'il ait profité de cette erreur, ne saurait le priver du droit d'être électeur et éligible, s'il est patenté

depuis le temps requis par la loi et s'il remplit les autres conditions (Conseil d'État, 27 avril 1870, Lebon, p. 495, D. 71.3.58).

Il considère que ce serait également ajouter une condition à celles exigées par la loi, que de décider que l'ouvrier doit justifier avoir exercé son industrie dans la circonscription du conseil pendant les cinq ans requis par l'article 4. Mais l'ouvrier doit toutefois justifier avoir exercé son industrie pendant les cinq années précédant immédiatement son élection (Conseil d'État, 12 avril 1866, Lebon, p. 377, D. 67. 3. 2).

Toutes les conditions que nous venons d'énumérer et de préciser étant remplies, ceux qui les réunissent peuvent encore ne pas être électeurs. Il en est ainsi, s'ils sont frappés de certaines incapacités édictées par la loi de 1806, le décret de 1809 et la loi de 1853. La loi de 1806 déclare les faillis inéligibles aux conseils de prud'hommes et le décret de 1809 leur enlève le droit d'être électeur (art. 3 de la loi de 1806 et art. 14 du décret de 1809). A cette cause d'incapacité, la loi de 1853 en a ajouté deux autres concernant les étrangers et les individus désignés dans l'article 15 de la loi de 1852 relative aux élections législatives. Cette extension de l'article 15 de la loi de 1852 aux élections des conseils de prud'hommes a été ainsi justifiée par le rapporteur de la loi de 1853, M. Curnier : « Tout homme qui est indigne de prendre part aux élections politiques, ne saurait contribuer à la nomination de magistrats chargés de rendre la justice. Les dépositaires de l'autorité judiciaire, quelque humble

que soit le rang qu'ils occupent dans la hiérarchie,
doivent émaner d'une source non moins pure que les
dépositaires de l'autorité législative. »

**Innovations en matière d'électorat et d'éligibilité conte-
nues dans les projets de loi votés en 1892 par la Chambre et en 1894 par le Sénat.**

La législation actuelle sur les conditions nécessaires pour être électeur ou éligible au conseil de prud'-
hommes est profondément modifiée dans les projets
de loi de la Chambre et du Sénat ; dans le premier
surtout. Cependant la Chambre n'a pas admis toutes
les modifications qui ont été proposées devant elle.
Les innovations contenues dans le projet de loi
qu'elle a voté le 17 mars 1892 sont les suivantes :
des nouvelles professions sont appelées à prendre
part à l'élection ; les contre-maîtres sont mis dans la
catégorie des patrons, l'électorat est conféré aux femmes, les conditions d'âge, de résidence et d'exercice
de la profession sont modifiées. Nous allons examiner
rapidement ces diverses observations.

1° *Nouvelles professions pouvant prendre part à
l'élection.* — Le projet de loi a d'abord conféré aux
employés l'électorat et l'éligibilité au conseil de
prud'hommes. C'était une conséquence forcée de
l'extension de cette juridiction, à des professions
dans lesquelles les personnes qui travaillent sous
les ordres des patrons, ne sont pas à proprement parler des ouvriers, mais des employés. Ensuite il a

étendu l'institution des prud'hommes à des industries qui ne constituent pas des fabriques, ainsi qu'au commerce et à l'agriculture. Toutes ces extensions se trouvaient déjà dans de nombreuses propositions de loi qui avaient été faites à la Chambre auparavant et dont la première date de 1872.

Ce fut d'abord à l'industrie des chemins de fer qu'on proposa en premier lieu d'étendre la juridiction des prud'hommes. Remarquons tout d'abord qu'il y a déjà à l'heure actuelle une partie du personnel des compagnies de chemins de fer qui est justiciable des conseils de prud'hommes, ce sont les ouvriers qui travaillent dans les ateliers de réparation et de construction, dans les magasins et ateliers d'outillage de la compagnie; ceux-ci sont bien des ouvriers au sens des lois sur les conseils de prud'hommes, mais les autres personnes au service des compagnies, comme les contrôleurs, les mécaniciens, les chauffeurs, les chefs de gare, les graisseurs, garde-freins etc. qui sont d'ailleurs plutôt des employés, sont justiciables des tribunaux ordinaires.

Le 9 février 1872, MM. de Janzé, Raoul Duval et Tirard, déposaient à l'Assemblée nationale une proposition de loi ainsi conçue : « Il sera établi à Paris, siège social de toutes les compagnies de chemins de fer, une cinquième section du conseil des prud'hommes. Cette section statuera sur les différends qui pourront s'élever entre les ouvriers employés par les compagnies de chemins de fer et les comités de direction des compagnies. » La commission d'initiative conclut à la non-prise en considération. Le rapporteur, M. Bastid, donna de nombreuses raisons pour justifier cette décision, et dont nous rapporterons les principales. Il fit remarquer que dans toutes les contestations les compagnies se trouveraient à la fois juges et parties. En second lieu, comme il n'y a pas de patrons proprement dits dans les compagnies de chemins de fer, comment serait composé l'élément patron dans le corps électoral? Enfin il fit ressortir les inconvénients qu'il y avait à faire juger tous les employés de chemins de fer par un conseil de prud'hommes unique; les ouvriers des provinces ne pourraient pas y être représentés et en outre « les distances fermeraient souvent l'accès du prétoire » (pour nous servir des termes mêmes employés par le rapporteur) à ceux d'entre eux dont les ressources sont modestes, or ceux-là sont de beaucoup les plus nombreux. La Chambre fut convaincue par ces raisons et le projet ne fut pas pris en considération.

Une nouvelle proposition du 3 août 1874, plus restreinte que la première puisqu'elle ne visait que les rapports des compagnies et de leurs mécaniciens et chauffeurs, échappait à une partie des critiques dirigées contre la première proposition. Le tribunal compétent n'était plus un tribunal unique siégeant à Paris, mais la section des métaux du conseil de prud'hommes du dépôt auquel appartenait le mécanicien ou chauffeur; s'il n'y en avait pas, la proposition de loi en ordonnait la création; s'il n'y avait pas de conseil de prud'hommes, l'affaire devait être portée devant celui du dépôt le plus voisin. Aussi la commission d'initiative proposa dans son rapport la prise en considération de cette proposition, mais l'assemblée se sépara sans avoir statué.

En 1876 et en 1878 on reprit la proposition précédente en l'étendant aux agents commissionnés, mais comme en 1874 la Chambre ne statua pas.

Dans deux autres propositions, du 18 janvier 1880 et du 21 décembre 1882, ce n'est plus par les prud'hommes que l'on veut faire juger les contestations entre les compagnies et leurs agents, mais par un tribunal spécial; elles furent repoussées par la Chambre. Mais en 1892 celle-ci vota sans difficulté l'extension de la juridiction des prud'hommes non seulement à l'industrie des chemins de fer, mais à toutes les entreprises de transport, y compris celles par bateaux.

Pour l'agriculture, une proposition fut faite à la Chambre le 11 avril 1876 par M. Joigneaux, mais fut repoussée. La création de prud'hommes agricoles ne figurait d'ailleurs pas, à l'origine, dans le projet de loi, elle n'y fut introduite que sur un amendement de MM. Maurice Faure et Antoine Royer.

Avant 1892, la Chambre s'était donc opposée à la création de prud'hommes des chemins de fer et de prud'hommes agriculteurs, il en avait été tout autrement pour les prud'hommes mineurs et pour les prud'hommes commerciaux.

C'est en 1882 qu'on proposa à la Chambre pour la première fois de faire juger les différends entre les mineurs et les compagnies, d'abord par une commission mixte (art. 3 d'une proposition du 21 nov.), ensuite par les conseils de prud'hommes (proposition de M. Waldeck-Rousseau, 23 novembre de la même année). Cette seconde proposition vint seule en discussion devant la Chambre qui l'adopta par 382 voix contre 23 et fut transmise par elle au Sénat où elle se perdit dans les projets de codification générale.

La Chambre avait également fait bon accueil à une proposition de loi de M. Lockroy du 2 juin 1887 qui avait pour but la création de prud'hommes commerciaux pour les employés de commerce de toute sorte. tels que commis, commis-voyageurs. comptables, caissiers, agents etc... Elle vota cette proposition de loi le 17 janvier 1888, mais elle fut repoussée par le Sénat le 28 janvier 1889. Mais les employés de commerce sont rendus à nouveau justiciables des conseils de prud'hommes dans le projet que la Chambre vota en 1892.

Enfin, pour être complet, il nous faut mentionner encore deux propositions d'extension qui furent faites à la Chambre, mais qu'elle ne jugea pas à propos d'admettre. La première est relative aux patrons et salariés des entreprises théâtrales (proposition de M. Le Senne du 24 juillet; *J. off.*, 1890, Doc. parl., Ch., 1890, p. 1638, amendement du même lors de la discussion du projet de loi en 1892; *J. off.*, Doc. parl., Ch., 92, p. 206). La seconde, objet d'un amendement de M. Lavy (*J. off.*, 1892, Doc. parl., Ch., p. 237) visait les patrons et salariés de l'enseignement, maîtres de l'enseignement pri-

maire et maîtres internes de l'enseignement secondaire.

Mais revenons aux projets de loi votés par la
Chambre et par le Sénat. Après avoir décidé qu'il
y aurait des prud'hommes pour les entreprises de
transport, des prud'hommes agriculteurs, des prud'-
hommes mineurs et des prud'hommes commerciaux, le projet de loi de la Chambre détermine ensuite de quelle façon sera composé le corps électoral
de ces diverses espèces de prud'hommes. Seront
électeurs ouvriers : d'une façon générale tous les ouvriers ou employés. Pour les prud'hommes commerciaux le projet dans son article 5 mentionne les « employés, commis, commis-voyageurs, comptables,
garçons de bureau et de magasin, hommes de
peine ». Seront électeurs patrons :

Pour les prud'hommes entrepreneurs de transport :
les administrateurs et ingénieurs.

Pour les prud'hommes agriculteurs : les propriétaires d'exploitations rurales et les fermiers.

Pour les prud'hommes mineurs : les concession-
naires ou exploitants de mines, les membres des conseils d'administration, les ingénieurs de travaux et
chefs de service, les chefs mineurs, gouverneurs et
surveillants de mines (art. 5).

De toutes les nouvelles professions appelées à
nommer les prud'hommes dans le projet de la Chambre, nous ne retrouvons plus dans le projet du Sénat que celles appartenant à l'industrie des mines. Il
a considéré que pour celles-là seulement, le besoin se

faisait sentir de tribunaux spéciaux composés de gens du métier, car si les difficultés qui s'élèvent entre les compagnies et leurs ouvriers exigent de la part du juge des connaissances techniques, il n'en est pas de même pour les difficultés entre patrons et ouvriers ou employés du commerce et de l'agriculture.

2° *Les contremaîtres sont mis dans la catégorie des patrons.* — Dans le projet primitif de codification de M. Lockroy, puis dans celui du gouvernement, dans celui même adopté en premier lieu par la commission, les contremaîtres avaient été mis dans la catégorie des ouvriers, la commission les mit ensuite dans la catégorie des patrons à la suite d'un amendement de M. Dumay. Elle défendit cette innovation à la Chambre en disant que les contremaîtres étaient des dépositaires de l'autorité patronale, des représentants du patron, que ce serait renforcer l'élément patronal et faire pencher la balance de son côté, que mettre les contremaîtres dans la catégorie des ouvriers.

Les chefs d'ateliers furent laissés dans la catégorie des ouvriers, mais pour que les contremaîtres exclus de cette catégorie n'y rentrassent pas sous le nom de chefs d'ateliers, on ajouta aux mots chefs d'ateliers les mots « de famille » et il fut convenu qu'il fallait entendre par cette expression « l'ouvrier qui, dans son domicile, soit seul, soit avec l'aide d'un ou plusieurs compagnons, façonne les matières qui lui sont confiées à cet effet par un marchand fabricant ». Cette définition, empruntée au dictionnaire de M. Maurice Bloch sur l'administration française, fut lue à la Chambre par M. Jarride et acceptée par le rapporteur.

Dans le projet du Sénat, les contremaîtres sont remis dans la catégorie des ouvriers (1).

Quant aux directeurs d'usine qui ne sont considérés actuellement ni comme patrons, ni comme contremaîtres, ni comme ouvriers, et qui ne peuvent prendre part à l'élection, ils sont rangés dans les deux projets parmi les patrons.

3° *Droit électoral des femmes.* — Le droit pour les femmes d'élire les prud'hommes ne figurait pas dans le projet de la commission, il ne leur fut accordé que sur un amendement de M. Lavy. Le Sénat qui, peu de temps auparavant, avait admis le droit pour les femmes commerçantes d'élire les juges des tribunaux de commerce, refusa aux patronnes et aux ouvrières le droit d'élire les prud'hommes. Ce refus se justifie par les raisons suivantes, données au Sénat par M. Léopold Thezard combattant un amendement de M. Jean Macé semblable à celui de M. Lavy. Les élections au conseil de prud'hommes touchent souvent aux questions politiques et sociales, d'autre part,

(1) Nous trouvons dans les observations de la Chambre de commerce de Lille sur le projet de loi de la Chambre, observations rapportées dans le *Journal des prud'hommes*, année 1893, p. 76, cette remarque, que si l'on rendait les contremaîtres électeurs patrons, ils ne pourraient plus appeler leurs patrons devant les prud'hommes. En effet un patron ne peut pas citer un autre patron devant cette juridiction, il ne peut citer qu'un ouvrier ou un apprenti. Les contestations entre contremaîtres et patrons deviendraient donc de la compétence des tribunaux de commerce.

l'ouvrière n'a pas la même indépendance que la femme commerçante au point de vue privé et familial. L'ouvrière dépend à la fois de son patron et de ses parents ou de son mari, elle serait souvent sollicitée de voter en sens contraire par le premier et par les seconds, ce qui aurait pour résultat de troubler la paix du foyer.

4° Modifications relatives aux conditions d'âge, de résidence et d'exercice de la profession. — Le projet de la Chambre n'exige plus comme conditions nécessaires pour être électeur, outre celle relative à la profession, que l'inscription sur les listes électorales politiques, c'est-à-dire avoir vingt et un ans et être domicilié depuis six mois dans la commune. Les conditions relatives à la patente et à l'exercice de la profession sont donc supprimées. Bien mieux, les anciens ouvriers et les anciens patrons ayant cessé d'exercer leur profession depuis moins de dix ans, sont également électeurs.

Le Sénat a refusé d'admettre ces innovations et n'a apporté sur ces points aucune modification à la législation actuelle.

Pour l'éligibilité, la Chambre abaisse l'âge nécessaire à vingt-cinq ans et supprime la condition de trois ans de résidence. Le Sénat n'admit pas non plus cette innovation ; mais il en admit une autre, l'incompatibilité des fonctions de prud'homme et de celles de conseiller général, d'arrondissement ou municipal. Cette incompatibilité a été l'objet d'un avis défavorable du conseil de prud'hommes de St-Quentin (*Journal des prud'hommes*, 1895, p. 66). Il a fait remarquer qu'il y avait dans son sein plusieurs conseillers généraux, d'arrondissement ou municipaux, et qu'il n'en était jamais résulté aucun inconvénient, que d'ailleurs ces fonctions n'étant pas incompatibles avec celles de juré, il n'y avait pas plus de raisons pour les déclarer incompatibles avec celles de prud'-homme.

SECTION II. — Listes électorales.

Pour pouvoir exercer son droit électoral au conseil de prud'hommes, il ne suffit pas de réunir les conditions nécessaires pour être électeur, il faut en outre qu'il soit constaté qu'on les possède par l'inscription de son nom sur un registre ouvert à l'hôtel-de-ville. Sous l'empire du décret du 3 juillet 1806 (art. 3) et du décret du 18 juin 1809 (art. 14), cette inscription devait être requise par celui qui voulait user de son droit électoral, mais depuis 1853, en vertu d'une circulaire du ministère du commerce du 5 juillet (Dalloz, 53.4. 94, n° 1), cette inscription peut avoir lieu d'office (V. Mollot, p. 66). Mais la règle est toujours que les électeurs doivent se faire inscrire, ce n'est que s'ils ne le font pas qu'on a recours à l'inscription d'office, pour cela on les y invite par voie d'affiches.

A qui incombe le soin de dresser la liste des électeurs ? L'article 15 du décret du 11 juin 1809 en chargeait le maire, mais pour la première année seulement de la création du conseil. Aussi, dans le silence de la loi, décidait-on avec M. Mollot (p. 65), que c'était

le préfet qui devait dresser cette liste les années suivantes : l'article 16 lui donnant le droit de juger les
contestations relatives au droit d'y figurer, lui donnait
implicitement le droit de la dresser ; mais depuis la
loi du 1er juin 1853, le maire et le préfet collaborent à
la confection de la liste. C'est ce qui résulte de l'article 7 de cette loi, ainsi conçu : « Dans chaque commune de la circonscription, le maire, assisté de deux
assesseurs qu'il choisit, l'un parmi les électeurs patrons, l'autre parmi les électeurs ouvriers, inscrit les
électeurs sur un tableau qu'il adresse au préfet. —
La liste électorale est dressée et arrêtée par le préfet. » — Remarquons également dans cet article l'obligation pour le maire de se faire assister de deux
assesseurs, qui est une autre modification à la législalation antérieure.

Les listes ainsi dressées sont publiées dans la forme
ordinaire, c'est-à-dire par le dépôt de la minute de la
liste à la mairie et par des affiches annonçant le dépôt.

Réclamations contre la confection des listes électorales.

Tout électeur est admis à former les réclamations
qu'il juge convenable, soit sur son omission ou sa radiation, soit sur l'inscription sur la liste d'une personne qui n'a pas le droit d'y figurer. Ces réclamations
doivent être portées devant le conseil de préfecture (1),

______

(1) Il n'en est pas de même pour les élections politiques, départementales ou communales, pour ces élections, le tribunal compétent
pour juger les réclamations contre la confection des listes électorales

dans les dix jours de la publication de la liste électorale. Il faut pour cela qu'un mémoire soit dressé au
greffe de cette juridiction. La procédure est gratuite
(Circ. minist., 5 juillet 1853). Il n'est pas nécessaire
que les parties comparaissent en personne pour présenter leurs observations oralement, elles peuvent
présenter des observations écrites ou se faire représenter par un mandataire.

Dans le cas où la réclamation soulève une question
d'état concernant l'âge, la nationalité ou la jouissance
des droits civils ou politiques, le conseil de préfecture
cesse d'être compétent, il doit se dessaisir de l'affaire,
et la renvoyer devant le tribunal civil, dans la circonscription duquel se trouve le conseil de prud'hommes.

Les arrêtés du conseil de préfecture, statuant sur
des réclamations contre la confection des listes électorales, sont susceptibles d'appel devant le Conseil
d'Etat. Les membres de la commission chargée de
dresser et de reviser la liste électorale, ne peuvent
interjeter appel en cette qualité, mais ils le peuvent
en qualité d'électeurs au conseil de prud'hommes
(8 juin 1883, D. 85.3.2). En matière d'élections municipales, la Cour de cassation est plus radicale que le
Conseil d'Etat, car elle n'admet pas la validité du pourvoi formé par le maire non seulement lorsqu'il est

est une commission composée du maire, d'un délégué du préfet, et
de trois délégués du conseil municipal. Le tribunal d'appel des décisions de cette commission est le juge de paix (Loi du 7 juillet 1874 ;
V. Laferrière, *Traité de la juridiction administrative*, t. 2, p. 298).

formé par lui en qualité de maire, mais aussi lorsqu'il l'est en qualité d'électeur, elle considère qu'en pareil cas le maire se trouve juge et partie dans la même affaire.

Modifications contenues dans les projets de loi de la Chambre et du Sénat.

Les projets de loi de la Chambre et du Sénat ne changent en rien la manière de procéder à la formation des listes. Il n'y a d'innovations qu'à propos des réclamations auxquelles elles peuvent donner lieu. Le tribunal compétent pour en connaître n'est plus le conseil de préfecture mais le juge de paix. « Elles seront instruites et jugées conformément aux articles 5 et 6 de la loi du 8 décembre 1883 sur les élections consulaires. » Les rectifications sont opérées conformément à l'article 7 de la même loi (art. 13). Enfin le délai pour les former est porté de dix à quinze jours, à partir du dépôt des listes au secrétariat du conseil.

SECTION III. — Comment se fait l'élection.

Nous avons dit que les prud'hommes sont des juges élus, nous savons quelles personnes sont électeurs et celles qui sont éligibles, nous allons maintenant étudier la manière dont se fait l'élection.

Comme dans toute élection il faut d'abord que les électeurs soient convoqués, cette convocation est faite par le préfet (art. 1er du décret du 3 juillet 1806, art. 13 du

décret du 11 juin 1809, art. 4 du décret du 27 mai 1848
et art. 10, § 3 de la loi du 11 juin 1853). Les convocations
ont lieu par voie d'affiches et en outre par lettres individuelles envoyées à chacun des électeurs (Circ.
minist., 5 juillet 1853, § 2). La date et le lieu de l'é-
lection sont fixés par le préfet, aucune disposition de
la loi ne lui accorde expressément ce droit, mais il
résulte implicitement de l'article 4 du décret du 27 mai
1848 et de l'article 10, § 3, de la loi du 1er juin 1853
qui, en lui conférant le pouvoir de convoquer les électeurs, sans fixer une époque à laquelle il devra faire
cette convocation, le laisse libre de la faire quand bon
lui semblera. Cette opinion est universellement adop-
tée, cependant elle peut paraître au premier abord en
opposition avec l'article 3 du décret du 11 juin 1809
ainsi conçu : « les conseils de prud'hommes seront
renouvelés en partie chaque année le premier jour du
mois de janvier. » Mais je crois, avec M. Mollot, que
cet article a pour but de fixer la date de cessation des
fonctions des prud'hommes et celle de l'entrée en
fonctions de leurs successeurs, ainsi que la date avant
laquelle doivent avoir lieu les élections.

D'après le décret du 3 juillet 1806 (art. 1 et 2), les
patrons et chefs d'ateliers étaient convoqués séparément et le vote avait lieu dans deux assemblées distinctes, l'assemblée des patrons qui élisait les prud'-
hommes patrons et l'assemblée des chefs d'ateliers qui
élisait les prud'hommes chefs d'ateliers. Puis l'article 13 du décret du 11 juin 1809 décida, que le vote aurait lieu en assemblée générale de tous les électeurs

(patrons, chefs d'ateliers, contremaîtres, ouvriers patentés) afin que patrons et ouvriers s'entendissent sur les membres à élire. Le décret du 27 mai 1848 revint au système des deux assemblées. Mais le système d'élection qu'il organisait, diffère profondément de celui du décret de 1806. L'élection des prud'hommes se faisait à deux degrés. Les électeurs patrons et les électeurs ouvriers, convoqués séparément, choisissaient un nombre de leurs membres triple de celui des prud'hommes à nommer. La liste des candidats ainsi choisis était transmise aux maires de l'arrondissement du conseil, qui devaient la publier et l'afficher ; huit jours après, les électeurs étaient convoqués à nouveau par le préfet, les ouvriers pour choisir les prud'hommes patrons sur la liste de candidats dressée par les patrons, et les patrons pour choisir les prud'hommes ouvriers sur la liste dressée par les ouvriers. Ce système trop compliqué, et qui entre autres inconvénients présentait celui de faire perdre trop de temps aux ouvriers et aux patrons (ce qui devait les amener à déserter les urnes), fut abandonné en 1853 ; mais on maintint les deux assemblées. L'assemblée des patrons fut chargée d'élire les membres patrons et l'assemblée des ouvriers, les membres ouvriers. On avait bien demandé le retour au vote en assemblée générale, mais l'orateur du gouvernement, M. Vuillefroy, fit remarquer que ce système, qui pouvait fonctionner sous la loi de 1809, ne le pouvait plus avec la loi de 1853 ; car sous l'empire de cette loi, les électeurs ouvriers sont en bien plus grand nombre que les électeurs patrons, de sorte que si on les faisait voter ensemble, les ouvriers qui seraient en grande majorité éliraient à la fois les prud'hommes patrons et les prud'hommes ouvriers.

Si le conseil de prud'hommes comprend plusieurs catégories, l'élection se fait dans chaque catégorie comme si elle formait un conseil de prud'hommes séparé. Il en a toujours été ainsi; même lorsque le voto avait lieu en assemblée générale il y avait autant d'assemblées générales que de catégories.

Le préfet délègue le soin de présider les assemblées électorales au maire ou aux adjoints des communes de la circonscription du conseil (Circ. minist., 5 juillet 1853). Le bureau de vote se compose en outre d'un secrétaire et de deux scrutateurs, nommés par celui auquel le préfet a délégué la présidence de l'assemblée; mais l'article 17 du décret du 11 juin 1809, qui prescrit leur nomination, ne dit pas s'ils doivent être pris exclusivement parmi les électeurs; aussi décidait-on ordinairement qu'ils pouvaient être pris en dehors (Mollot, p. 69). Cependant le Conseil d'Etat dans un arrêt du 10 juillet 1890 me semble d'un avis contraire. Cet arrêt considère en effet comme irrégulièrement composé, un bureau de vote d'une assemblée d'électeurs ouvriers dans lequel il y avait un patron, sans toutefois attacher comme sanction à cette irrégularité la nullité de l'élection (Arrêts du Conseil d'Etat, Lebon, 90, p. 661).

Sous l'empire du décret du 3 juillet 1806 (article 6), et 11 juin 1809 (article 17), l'élection avait lieu au scrutin individuel et à la majorité absolue des suffrages, maintenant la loi du 1er juin 1853 (article 9) n'exige plus cette majorité absolue qu'au premier tour, au second la majorité relative suffit.

Tout candidat qui a obtenu au premier tour la majorité absolue est élu, il n'est pas en outre nécessaire, comme en matière d'élections législatives, que le nombre de voix formant cette majorité soit égal au quart des électeurs inscrits. Cette condition n'est requise par aucun texte de la législation des prud'hommes (Conseil d'Etat, 23 nov. 1883, D. 83.3.47). L'article 9 de la loi du 1er juin 1853 exige seulement que l'élection soit faite à la majorité. On en conclut que l'élection serait nulle s'il n'y avait qu'un seul votant, car en pareil cas il n'y a ni majorité ni minorité (Conseil d'Etat, 1er avril 1868, D. 68.3.83). De même, quand un candidat élu donne sa démission, celui qui vient immédiatement après dans l'ordre des suffrages ne saurait être proclamé élu à sa place, la démission du candidat ne change en rien le résultat du scrutin (D. 85.3.38, Conseil d'Etat, 13 juillet 1883, Lebon, p. 83, p. 660).

Une fois l'élection terminée, il doit en être dressé procès-verbal, lequel doit être déposé à la mairie. L'assemblée ne doit pas s'occuper d'autre chose que de l'élection (art. 19 du décret du 11 juin 1809, art. 7 du décret du 27 mai 1848). S'il n'y a pas de protestation contre la manière dont ont été faites les opérations électorales, le président de chaque assemblée proclame prud'hommes ceux qui ont obtenu le plus

de suffrages ; en cas d'égalité de suffrages lo plus âgé
est préféré (art. 7 du décret du 27 mai 1848). Mais s'il
y a eu des protestations, le procès-verbal avec les pièces à l'appui sera envoyé au préfet, par qui il sera
transmis au conseil de préfecture qui statuera dans le
délai de huit jours (Décret du 27 mai 1848, art. 8).

Réclamations contre les élections.

Les réclamations contre les élections sont jugées
par les mêmes tribunaux que celles contre les élections municipales (art. 8 de la loi du 1er juin 1853),
c'est-à-dire par le conseil de préfecture avec appel
devant le conseil d'Etat, sauf le cas où la réclamation
soulève une question d'état, alors c'est le tribunal
civil qui devient compétent. Bien que l'article 8 de la
loi du 1er juin 1853 n'assimile les réclamations contre
les élections des prud'hommes à celles contre les élections municipales qu'au point de vue des tribunaux
compétents pour en connaître, on n'a pas hésité, dans
la pratique, à les assimiler aussi au point de vue de
la procédure. Cette dernière assimilation se justifie
d'ailleurs facilement. Le législateur de 1853, en attribuant compétence au conseil de préfecture et au
conseil d'Etat, sans dire quelle procédure on suivrait
devant ces tribunaux pour juger les réclamations contre les élections des prud'hommes, a sans doute voulu
que ces réclamations fussent jugées d'après la procédure établie pour juger les réclamations analogues
pour lesquelles le conseil de préfecture et le conseil
d'État étaient déjà compétents ; et c'est parce qu'il

lui a paru si naturel que ce soit la même procédure qui fût appliquée pour juger les mêmes matières devant les mêmes tribunaux, qu'il n'a pas jugé à propos de le dire.

On applique donc de tous points les règles admises en matière de recours contre les élections municipales, les réclamations sont jugées dans les mêmes formes et les mêmes délais, ce sont les mêmes personnes qui ont le droit de les former ; elles sont également jugées sans frais et dispensées du ministère d'un avocat au conseil d'Etat.

Les personnes ayant qualité pour réclamer étant les mêmes que pour les élections municipales, ce sont toutes celles désignées dans les articles 37 à 40 de la loi du 5 avril 1884. Tout électeur et tout éligible, patron ou ouvrier, a donc ce droit (Conseil de préfecture de la Seine, 29 décembre 1890). Comme application de cette règle, il a été jugé qu'un électeur patron pouvait valablement déférer au conseil de préfecture l'élection d'un ouvrier. Mais le même droit a été refusé au président d'une chambre syndicale, qui avait formé un pourvoi en cette qualité (Conseil d'Etat, 19 mai 1893, D. 94.3.48).

Le préfet peut également attaquer l'élection devant le conseil de préfecture (art. 37, loi du 5 avril 1884. Conseil d'Etat, 23 nov. 1883, D. 85.3.47).

La jurisprudence admet encore que le ministre du commerce a qualité pour déférer au conseil d'Etat l'arrêté du conseil de préfecture rejetant le recours du préfet contre l'élection d'un prud'homme (Conseil d'Etat, 23 juin 1882, D. 83.3.125). Elle lui reconnaît également le droit de déférer au conseil d'Etat l'arrêté du conseil de préfecture annulant l'élection d'un membre du conseil sur la réclamation d'un électeur (Conseil d'Etat, 13 juillet 1883, D. 85.3.38).

Cependant, dans un arrêt du 19 décembre 1891 (D. 93.3.30), le conseil d'Etat a hésité à maintenir sa jurisprudence et à reconnaître le droit du ministre de déférer au conseil d'Etat un arrêté du conseil de préfecture, lorsque le préfet n'aurait pas exercé antérieurement un recours. Dans cet arrêt, le conseil d'Etat a posé la question mais ne l'a pas résolue. Mais on ne voit pas pourquoi le conseil d'Etat abandonnerait sa jurisprudence antérieure, attendu qu'elle est conforme à celle qu'il suit en matière d'élections municipales. D'autre part, comme le dit M. Laferrière, le ministre tire le pouvoir de former les pourvois au conseil d'Etat de ses pouvoirs généraux, il n'est donc pas besoin d'une loi qui le lui accorde par une disposition expresse et spéciale (Laferrière, *Traité de la juridiction administrative*, t. 2, p. 355).

La procédure suivie pour les réclamations contre les élections au conseil de prud'hommes diffère en un point cependant de celle suivie en matière d'élections municipales. Ce cas est le suivant. Lorsque des candidats qui auraient dû être proclamés élus au premier tour ne l'ont pas été et qu'il a été procédé à un second tour de scrutin, le conseil d'Etat veut que l'on mette en cause les candidats élus au second tour lorsqu'il est exercé un recours contre les opérations électorales, recours tendant à proclamer élus ceux qui auraient dû l'être au premier tour, et à annuler par voie de conséquence ceux qui, au second tour, ont été proclamés élus à leur place. Au contraire pour les élections municipales, lorsqu'un recours est exercé tendant à faire proclamer élus au premier tour, par le conseil de préfecture, des candidats qui ne l'ont pas été par le bureau, il n'est pas nécessaire de mettre en cause les candidats élus au second tour dont l'élection se trouvera annulée si le recours réussit. Le conseil d'Etat explique la solution différente qu'il admet pour ces deux cas analogues, par la nécessité pour le conseil de préfecture, lorsqu'il s'agit d'élections municipales, de statuer dans le mois sous peine d'être dessaisi, délai qui ne lui permet pas de faire toutes les communications nécessitées par la mise en cause des candidats élus au second tour. Il est vrai que, lorsque le conseil de préfecture est saisi d'un recours contre les élections au conseil de prud'hommes, il doit statuer dans un délai encore plus court, 8 jours au lieu d'un mois ; mais ce délai étant un délai différent de celui établi par la loi municipale et fixé par un texte spécial aux prud'hommes (l'article 8 du décret du 27 mai 1848), le conseil d'Etat considère que la loi municipale doit être écartée pour tout ce qui est relatif à ce délai ; par conséquent, l'article 8 précité n'ayant pas décidé que l'expiration du délai qu'il fixe emporterait dessaisissement, on ne doit pas lui attribuer cet effet.

A propos du recours contre les élections au conseil

de prud'hommes la question suivante s'est posée à la jurisprudence. L'acceptation par un prud'homme d'un mandat impératif vicie-t-elle son élection ? Le conseil d'Etat n'a pas hésité à répondre affirmativement. En effet, le prud'homme n'est pas un mandataire, ceux qui le nomment ne peuvent pas le charger de telle mission qu'il leur plaira, il est un juge, c'est-à-dire qu'il doit chercher quelle est celle des deux parties en présence dont la prétention est conforme à la loi, aux usages et aux conventions passées entre elles ; voilà quel est le mandat des conseillers prud'hommes, ce mandat est déterminé par la loi par cela seul qu'elle les a chargés de juger les contestations entre patrons et ouvriers, ceux-ci ont donc seulement le droit de choisir les personnes qu'elles en veulent charger (Conseil d'Etat, arrêts du 18 décembre 1891, D. 93.3.31 et du 19 mai 1893, D. 94.3.48, qui annulent l'éloction de candidats qui avaient pris l'engagement dans leurs proclamations de statuer dans un sens toujours favorable à la catégorie d'électeurs à laquelle ils appartenaient, et qui, comme garantie, avaient remis d'avance leur démission en blanc à un comité). Mais il faut, pour que l'élection soit annulée, que le candidat ait pris un engagement illicite, contraire aux devoirs de la fonction, dans ses proclamations ou dans ses affiches, de simples présomptions résultant des conditions dans lesquelles s'est faite l'élection ne suffiraient pas (Conseil d'Etat, 19 mai 1893, D. 94.3.48).

Innovations apportées par les projets de loi à la manière dont se font les élections et les réclamations auxquelles elles donnent lieu.

Les projets de loi n'apportent pas de grandes modifications à la législation actuelle sur la façon dont se font les élections, aussi allons-nous nous contenter de les énumérer.

Le scrutin de liste est substitué au scrutin individuel (art. 9), c'est la modification la plus importante.

La présidence des deux assemblées des patrons et des ouvriers est attribuée au juge de paix ou à son suppléant, mais dans le cas où, pour la commodité des élections, il aurait été établi plusieurs bureaux de vote, le préfet peut déléguer la présidence d'un ou plusieurs de ces bureaux à un maire ou à un adjoint. On doit décider que le préfet a le même pouvoir pour les communes autres que les chefs-lieux de canton, qui sont comprises dans la circonscription du conseil (art. 8).

Le préfet doit convoquer les électeurs au moins vingt jours d'avance, il doit indiquer le jour et l'endroit de leur réunion, fixer les heures d'ouverture et de clôture du scrutin. Quand il y a lieu à un second tour de scrutin, il doit avoir lieu huit jours après le premier. Le projet de la commission portait que le second tour pourrait avoir lieu le même jour que le premier, mais, sur un amendement de M. Lavy, on le fixa huit jours après, de peur que des électeurs, ne prévoyant pas un second tour de scrutin, ne s'en allassent après le premier. L'élection doit toujours avoir lieu un dimanche ou un jour férié (art. 12).

Les articles 13, 18 à 25, 26, §§ 1 et 3, 27 à 29 de la loi du 5 avril 1884 sont déclarés par l'article 13 applicables aux opérations électorales pour les conseils de prud'hommes. Cet article 13 décide également que dans les trois jours qui suivront la réception du procès-verbal des élections, des copies certifiées de ce procès-verbal devront être envoyées par le préfet au procureur général et au secrétaire des conseils de prud'hommes (1).

Quant aux réclamations contre les élections, l'article 13 leur déclarant applicables l'article 11, §§ 5, 6 et 7 et l'article 12 de la loi du 8 décembre 1883, elles devront être portées devant les mêmes tribunaux que les réclamations contre les élections consulaires, c'est-à-dire devant la cour d'appel. La procédure sera la même ainsi que les causes de nullité. Les personnes pouvant réclamer seront tous les électeurs et le procureur général.

SECTION IV. — Élection du président et
du vice-président.

Dans chaque conseil de prud'hommes il y a un président et un vice-président. La façon dont ils sont nommés a beaucoup varié ; quatre modes de nomination ont été successivement adoptés, nous allons les passer en revue.

---

(1) Il y a dans l'article 10, § 3, de la loi du 8 décembre 1883 sur les élections consulaires une prescription analogue pour le procès-verbal des constatations des résultats électoraux.

De 1806 à 1848 le président et le vice-président ont été nommés par l'assemblée générale du conseil (art. 9 du règlement d'administration publique du 3 juillet 1806 et art. 25 du décret du 11 juin 1809). En 1848, la commission proposa de conserver ce mode de nomination. Mais comme ce décret avait décidé que les patrons et les ouvriers seraient en nombre égal dans le conseil, il était à craindre que tous les patrons votassent pour un patron et tous les ouvriers pour un ouvrier, de sorte qu'il y aurait eu partage des voix, aussi la commission décidait qu'en pareil cas la présidence appartiendrait au plus âgé. On ne voulut pas de ce mode de nomination, parce que le décret ayant donné au président voix prépondérante dans le conseil, l'élément auquel il appartiendrait aurait la prépondérance sur l'autre, pendant toute la durée de l'exercice de la présidence et l'autre élément pourrait se considérer comme opprimé. Voici le système qui fut adopté par l'Assemblée. On nommerait à la fois deux présidents, l'un serait choisi parmi les patrons, l'autre parmi les ouvriers, les patrons éliraient le président ouvrier et les ouvriers le président patron, puis on tirerait au sort pour savoir lequel aurait la première présidence. Les vice-présidents étaient nommés suivant les mêmes règles et le vice-président en charge devait être pris dans la même catégorie que le président. La durée de chaque présidence était de trois mois, mais ceux qui l'occupaient pouvaient être réélus. Pour remédier au partage des voix, le président avait, comme dans le projet de la commission, voix prépondérante. Ce système avait deux

défauts : le premier, c'était la durée trop courte de la
présidence, celui qui y était élu la quittait au moment
où il commençait à être au courant de ses fonctions et
à les remplir convenablement ; le second défaut con-
sistait dans la nécessité de choisir un président parmi
les ouvriers ; or, il se trouva des villes, dans lesquelles
il n'y eut aucun membre ouvrier du conseil de prud'-
hommes capable de remplir ces fonctions (Rapport de
M. Curnier sur la loi de 1853).

Dans la loi de 1853, les deux défauts dont nous venons de parler ne se rencontrent plus. Dans cette loi
c'est l'empereur qui nomme le président et le vice-
président des conseils de prud'hommes. Il peut les
choisir non seulement en dehors des élus mais même
en dehors des éligibles. Les patrons sont nommés
pour trois ans et peuvent être nommés à nouveau
au bout de ce temps. Mais ce système souleva lui aussi
des objections. Les patrons se plaignirent de ce qu'on
leur avait enlevé le droit d'élire le président, qu'ils
avaient auparavant, et les ouvriers de ce qu'on pre-
nait plus souvent le président parmi les patrons que
parmi eux ; enfin on prétendit que les conseils de
prud'hommes, étant des tribunaux électifs, devaient
élire leur président. La première tentative pour rendre aux conseils de prud'hommes l'élection de leur
président et de leur vice-président fut faite en 1876,
mais elle ne leur fut rendue que par la loi du 7 février
1880. Si l'on s'en rapporte à l'enquête qui eut lieu en
1869, cette réforme n'était guère urgente, car la majorité des conseils consultés a déclaré se trouver bien

du système de la loi de 1853. Les patrons se montrèrent très mécontents de l'innovation, à tel point qu'à Lille ils empêchèrent, pendant trois ans, l'institution des conseils de prud'hommes de fonctionner. Il en fut de même à Angers et à Armentières. Le législateur dut intervenir par la loi du 11 décembre 1884 pour remédier à cet état de choses.

Dans la loi du 7 février 1880, la durée de la présidence est redevenue ce qu'elle était avant 1848, c'est-à-dire d'une année avec réélection possible (art. 3). Quand le président est pris parmi les patrons, le vice-président doit l'être parmi les ouvriers (art. 2). Il y a exception à cette règle quand on est obligé de recourir à l'application de la loi du 11 décembre 1884.

L'élection se fait à la majorité absolue. Quand deux candidats se partagent les voix, on procède à un second tour de scrutin; si le résultat est le même, c'est le conseiller qui est le plus ancien en fonctions qui est proclamé élu; s'ils ont un temps de service égal, on accordera la préférence au plus âgé (art. 1).

Réclamations contre l'élection du président et du vice-président.

Où doivent être portées les réclamations contre l'élection du président et du vice-président? Cette question n'est pas prévue par la loi du 8 février 1880. Sous l'empire de la loi de 1853 le président et le vice-président étant nommés par l'empereur, il n'y avait pas de recours possible, la question ne se posait donc même pas. Mais dès que la loi de

1880 eut décidé qu'ils seraient élus, un recours devait être possible comme dans toute élection. Le ministre du commerce, en sa qualité de juge de droit
commun des litiges administratifs, se prétendit compétent, le conseil d'Etat fut d'un avis contraire, et
décida que le recours devait être porté devant le conseil de préfecture. D'après lui, l'article 8 de la loi du
1ᵉʳ juin 1853, assimilant les élections au conseil de
prud'hommes aux élections municipales au point de
vue du recours, et étant conçu en termes généraux,
devait s'appliquer aux élections du président et du
vice-président comme à celles des simples prud'-
hommes. Il considère ces élections comme de véritables élections au conseil de prud'hommes, tout
comme il considère l'élection d'un maire comme une
élection municipale à laquelle il n'hésitait pas, avant
la loi du 5 avril 1884, d'appliquer les règles sur les
élections municipales, et cependant, à l'époque où
ces règles ont été édictées, les maires n'étaient pas,
eux non plus, nommés à l'élection (Conseil d'Etat,
D. 73.3.33). La question étant la même pour les
maires et pour les présidents des conseils de prud'-
hommes, il était naturel que le conseil d'Etat don-
nât la même solution pour les uns et pour les autres
(Conseil d'Etat, 9 juin 1882, D. 83.3.124).

Signalons encore ici une autre réforme de la loi du
7 février 1880, celle en vertu de laquelle la présidence du bureau de conciliation appartient alternativement au membre patron et au membre ouvrier, en
vertu d'un roulement établi par le règlement particu-

lier du conseil. Autrefois, dans le silence de la loi de 1853, une circulaire ministérielle du 22 juin 1854 avait décidé que cette présidence appartiendrait au président ou au vice-président du conseil, ou à son défaut au membre patron ; cette circulaire, qui n'était pas reconnue partout comme obligatoire, avait donné lieu, paraît-il, à des incidents regrettables, et c'est pour y mettre fin que fut votée cette disposition.

Innovations du projet de loi. — Les seules innovations du projet de loi relatives à la présidence et à la vice-présidence du conseil des prud'hommes sont les suivantes : il exige un troisième tour de scrutin au cas de partage des voix et il transmet du conseil de préfecture à la cour d'appel la connaissance des réclamations contre l'élection du président et celle du vice-président.

SECTION V. — Élection du secrétaire.

Il y a auprès de chaque conseil de prud'hommes un secrétaire, ses attributions sont analogues à celles d'un greffier. Il a le contre-seing des minutes, la délivrance des expéditions, la garde des dessins et des marques de fabrique ; il doit avoir soin des papiers et archives et tenir la plume pendant les audiences. S'il exige une taxe plus forte que celle que la loi lui permet de réclamer (ici le décret du 11 juin 1809), il peut être déclaré concussionnaire et puni comme tel. Mais on n'applique pas au secrétaire des prud'hommes la loi du 27 germinal an VII, décidant que nul ne peut être élu greffier d'un tribunal auquel la loi attribue la nomination de ce fonctionnaire, s'il est parent ou allié jusqu'au 3ᵉ degré inclusivement de l'un des juges, alors même que celui-ci se serait abstenu de voter (Mollot, n° 109, p. 83).

Les secrétaires des conseils de prud'hommes sont, en vertu de l'article 5 de la loi du 7 février 1880, nommés par les membres du conseil à la majorité absolue des voix et ils peuvent être révoqués par eux ; mais dans le cas de révocation, la délibération doit être signée par les deux tiers des prud'hommes. Il en était déjà ainsi sous l'empire des décrets de 1809 et de 1848. Dans la loi du 1ᵉʳ juin 1853, les secrétaires étaient nommés et révoqués par le préfet sur la proposition du président. Divers autres modes de nomination avaient été proposés lors de la discussion de cette loi. On avait notamment proposé de les rendre proprié taires de leurs charges comme les greffiers des tribunaux de commerce et ceux des autres tribunaux. Les raisons suivantes étaient invoquées à l'appui de cette proposition : C'est aux secrétaires des conseils de prud'hommes que les parties, qui veulent plaider devant cette juridiction, doivent tout d'abord s'adresser, ils peuvent donc les en dissuader par les conseils qu'ils leur donnent, soit que ces conseils leur soient demandés, soit qu'ils les donnent spontanément. Ils font donc l'office d'un premier bureau de conciliation. D'où l'utilité de rendre les secrétaires propriétaires de leurs charges, afin que celles-ci soient davantage recherchées des personnes capables, probes et intelligentes.Mais la commission avait préféré la nomination par le préfet, sous prétexte que, justement parce que le rôle du secrétaire était très important, il fallait qu'il pût facilement être révoqué s'il remplissait mal ses fonctions. Un amendement proposant de le faire nommer par le ministre de l'intérieur, « pour le mettre à l'abri des influences locales auxquelles l'administrateur le plus intègre et le plus habile ne peut pas toujours se soustraire aisément », avait été également repoussé.

L'article 5 de la loi du 7 février 1880 ne prévoit pas, comme l'article 1er pour le président, le cas où deux candidats se partageraient les voix. Il faut décider dans le silence de la loi qu'aucun d'eux n'ayant obtenu la majorité n'est élu. La loi est muette également, comme les décrets de 1809 et de 1848 et la loi de 1853, sur les conditions de capacité que doit remplir le secrétaire. Mais M. Mollot (1) pense qu'il faut qu'il ait vingt-cinq ans, âge exigé des fonctionnaires publics par l'article 1er de la loi du 16 ventôse an XI. M. Ruben de Couder pense au contraire qu'il n'y a pas de limite d'âge (*Dictionnaire de droit commercial*, n° 48).

Le tribunal compétent pour connaître du recours contre l'élection du secrétaire, n'est plus ici le conseil de préfecture, car on ne peut plus dire, comme pour le président et le vice-président, que son élection est une élection au conseil de prud'hommes. Les secrétaires ne sont que de simples employés des conseils, et ils sont souvent pris en dehors du conseil (Conseil

(1) N° 108, p. 82.

d'Etat, 14 février 1890, D. 91.3.79). Le tribunal compétent est donc le ministre (ici le ministre du commerce) en sa qualité de juge de droit commun des litiges administratifs.

A côté du secrétaire, il peut y avoir un commis auprès du conseil des prud'hommes (art. 31 de la loi du 18 mars 1806). Enfin il doit y avoir un huissier. Cet huissier, qui est choisi par le conseil parmi ceux qui exercent dans le ressort du tribunal de l'arrondissement, est chargé du service de l'audience (Décret du 3 juillet 1806, art. 11 et 12 et décret du 11 juin 1809, art. 27).

SECTION VI. — **Mesures prises par la loi du 11 décembre 1884 pour remédier aux manœuvres destinées à empêcher le fonctionnement des conseils de prud'hommes.**

Comme nous l'avons vu précédemment, la réforme de la loi du 7 février 1880, rendant aux conseils de prud'hommes l'élection de leurs présidents et de leurs vice-présidents, fut très mal accueillie par les patrons, qui, dans certaines villes, s'opposèrent à l'application de la loi, en empêchant par certaines manœuvres l'institution des prud'hommes de fonctionner. Ce furent les patrons de la ville de Lille qui donnèrent l'exemple. Ils donnèrent une première fois leur démission en mars 1880. Une seconde élection ayant eu lieu le 24 mai de la même année, ils donnèrent à nouveau leur démission. Il en fut de même à la suite d'une troisième élection en janvier 1881. Le conseil de prud'hommes fut alors suspendu, puis dissous. En 1882 on essaya à nouveau de constituer le conseil et on procéda à de nouvelles élections. Les patrons commencèrent alors par contester l'élection de certains élus, puis, le 19 août 1883, jour auquel devaient être installés ceux qui avaient été élus les derniers, ils donnèrent leur démission en masse, démission qu'ils avaient signée le 31 janvier. Les patrons d'Angers et d'Armentières imitèrent cet exemple, et cette sorte de grève judiciaire, comme on a appelé ces manœuvres des patrons, menaçait de devenir générale. Il y avait à Lille, Angers et Armentières, un grand nombre d'affaires en suspens, rien qu'à Lille il y en avait plus de trois mille; il fallait donc remédier au plus tôt à cet état de choses. Deux propositions de loi furent déposées à la Chambre dans ce but, l'une du 25 octobre 1883 de M. Pierre Legrand et l'autre du 27 octobre de la même année de M. Giard. Ces deux propositions furent adoptées sans discussion par la Chambre et devinrent la loi du 11 décembre 1884. Cette loi est générale et vise aussi bien les obstacles apportés au fonctionnement des conseils de la part des ouvriers que de la part des patrons. Quatre sortes de manœuvres y sont prévues : 1° les patrons ou les ouvriers s'abstiennent collectivement de voter ; 2° ils portent leurs suffrages sur des candidats notoirement inéligibles ; 3° refus par les candidats élus d'accepter le mandat ; 4° abstention systématique de siéger de la part des candidats élus. Quand un des cas que nous venons d'énumérer se présente, la loi ordonne de procéder à de nouvelles élections, et si les mêmes obstacles à la constitution et au fonctionnement du conseil se présentent encore, elle décide que les membres qui auront été valablement élus, qui accepteront le mandat et se rendront aux convocations, formeront à eux seuls le conseil, pourvu que leur nombre soit égal à la moitié au moins du nombre total des membres dont le conseil est composé. On a pensé, non sans raison, que les patrons renonceraient désormais à employer des manœuvres qui n'empêcheraient plus le fonctionnement des conseils, et dont le seul résultat serait qu'ils n'y seraient pas représentés.

Quand on est obligé de recourir à l'application de la loi du 11 décembre 1884, les conseils de prud'hommes ne sont ordinairement plus composés d'un nombre égal de patrons et d'ouvriers ; il peut même se faire qu'ils ne soient composés que des uns ou des autres, aussi certaines dispositions des lois antérieures, qui ont pour but d'établir l'équilibre entre les uns et les autres, deviennent difficilement applicables ou ne peuvent plus l'être du tout, aussi la loi de 1884 les a-t-elle modifiées pour le cas où on devra recourir à son application :

1° Par exception à l'article 22 du décret du 27 mai 1848, les deux membres composant le bureau de conciliation pourront être pris soit parmi les patrons, soit parmi les ouvriers.

2° Contrairement à l'article 11 de la loi du 1er juin 1853 les quatre membres du bureau général seront pris sans distinction de qualité parmi les prud'hommes installés.

3° L'article 2 de la loi du 7 février 1880 décidant que lorsque le président sera pris parmi les membres patrons, le vice-président devra être pris parmi les membres ouvriers, ne sera plus applicable.

4° Le bureau de conciliation ne sera plus présidé alternativement par un patron et par un ouvrier comme le veut l'article 4 de la loi du 7 février 1880.

CHAPITRE III

§ 1. — Serment.

Les membres des conseils de prud'hommes, une
fois élus, doivent, avant d'entrer en fonctions, prêter
serment comme tous les magistrats et fonctionnaires
publics. Ils prêtaient autrefois ce serment entre les
mains du préfet ou du fonctionnaire public qui le
remplace (art. 8 du décret du 3 juillet 1806 et art. 20
du décret du 11 juin 1809). Ce serment n'est plus au-
jourd'hui qu'un serment professionnel, le serment
politique ayant été aboli par le décret du 5 septembre
1870. En outre les prud'hommes ne le prêtent plus
devant le préfet, mais, en vertu d'un décret du 11 septembre 1870, dans la première séance du conseil.

§ 2. — Durée des fonctions des membres du conseil et renouvellement.

En vertu de l'article 4 de la loi du 18 mars 1806 les
prud'hommes étaient élus pour trois ans et renouvelés par tiers tous les ans. Le décret du 27 mai 1848
en avait décidé de même dans son article 14. Mais, la
loi du 1er juin 1853, article 10, a décidé que les fonctions des prud'hommes dureraient six ans, avec re-

nouvellement par moitié tous les trois ans. Le sort doit décider ceux qui seront renouvelés la première fois. Les prud'hommes sont d'ailleurs, à la différence des juges des tribunaux de commerce, indéfiniment rééligibles.

Quand un membre vient à décéder ou à donner sa démission, le préfet doit convoquer les électeurs pour le remplacer, mais ce nouvel élu ne doit pas rester plus longtemps que n'y serait resté celui qu'il remplace.

Enfin il convient de faire remarquer que la durée des fonctions des prud'hommes peut se trouver abrogée à la suite d'un décret venant dissoudre le conseil. Ce pouvoir a été conféré expressément au gouvernement par l'article 16 de la loi du 1er juin 1853. Cependant, antérieurement à cette loi, des décrets ont été rendus prononçant la dissolution de certains conseils (Voir notamment, décrets des 10-22 avril 1850 pour celui de Douai (1) et 16 septembre-1er octobre 1850 pour Marseille, D. 50.4.198).

§ 3. — Gratuité des fonctions.

La loi du 18 mars 1806, dans son article 30, avait décidé que les fonctions des prud'hommes négociants fabricants étaient purement gratuites. on en avait conclu, et on était autorisé à cela par l'exposé des motifs de Regnault de St-Jean d'Angely, que les prud'hommes chefs d'ateliers pourraient recevoir une in-

____

(1) D. 50.4.82.

demnité. Mais la loi du 7 février 1880 abrogea l'article 30 de la loi de 1806 dans son article 6. Il est donc
maintenant permis d'accorder une indemnité aux
membres patrons comme aux membres ouvriers des
conseils de prud'hommes, et cela dans un but d'égalité. D'ailleurs, quand les ouvriers y avaient seuls droit,
ils refusaient souvent celle qui leur était accordée, et
y voyaient une atteinte portée à leur dignité.

Cette indemnité est fixée par le conseil municipal
et est aux frais de la commune. A ce propos on a fait
remarquer avec raison, « qu'il importait qu'elle ne soit
pas assez élevée pour permettre aux ouvriers d'abandonner complètement leur travail et de se livrer à des
propagandes politiques ou sociales qui ne peuvent
que les détourner de leurs fonctions » (Lyon-Caen
et Renault, *Traité de droit com.*, t. I, nº 539, p. 559).

Les fonctions du secrétaire, du commis et de l'huissier, ont toujours été salariées. Les articles 59, 60,
61, du décret du 21 juin 1809, fixent les émoluments
qui seront accordés au secrétaire et à l'huissier pour
les actes de leur ministère. En plus, le secrétaire a
droit à un traitement fixe de mille francs, en vertu de
l'article 31 de la loi du 18 mars 1806.

§ 4. — Insignes.

Enfin, en vertu d'une ordonnance du 12 novembre
1828 les prud'hommes ont des insignes qu'ils doivent
porter dans l'exercice de leurs fonctions. Ils consistent dans une médaille d'argent suspendue à un ru-
ban noir en sautoir. Les prescriptions de l'ordon-

nance précitée n'étaient pas partout observées. Aussi une circulaire du ministre du commerce du 5 décembre 1885, adressée aux présidents des conseils de prud'hommes, est venue les inviter à veiller à l'avenir à ce que les prud'hommes portent les insignes réglementaires (*Bulletin officiel du ministère de la justice*, 1885, p. 262).

§ 5. — Bureau de conciliation et bureau de jugement.

Les conseils de prud'hommes ont toujours été divisés en deux bureaux : le bureau particulier ou de conciliation et le bureau général ou de jugement (art. 7 et 8 de la loi du 18 mars 1806).

Sous l'empire de la loi de 1806, un bureau de conciliation devait être tenu chaque jour, de onze heures à une heure ; il en était de même sous l'empire du décret du 11 juin 1809, quand le conseil était composé de neuf membres ou plus, sinon il n'était réuni de bureau de conciliation que tous les deux jours. En vertu de l'article 22 du décret du 27 mai 1848 il ne dut plus l'être que toutes les semaines.

Le bureau de conciliation est composé de deux membres, un membre patron et un membre ouvrier. La présidence en appartenait autrefois au président ou au vice-président, et à défaut de l'un et de l'autre, au membre patron (circulaire ministérielle du 27 juin 1854) ; mais maintenant, d'après l'article 4 de la loi du 7 février 1880, elle appartient, comme nous l'avons vu, tour à tour au membre patron et au membre ouvrier, d'après un roulement établi.

Le bureau général ou de jugement est composé, outre le président et le vice-président, de quatre membres au moins, deux patrons et deux ouvriers ; mais ce
nombre n'est qu'un minimum, et il ressort du rapport
de M. Curnier sur la loi de 1853, que le président peut,
s'il le veut, convoquer un plus grand nombre de prud'-
hommes, pourvu que l'égalité entre les éléments patron et ouvrier soit conservée. Si le vice-président siège
en même temps que le président, il faut qu'il soit
compté parmi les prud'hommes de l'élément auquel
il appartient et que sa présence ne détruise pas l'égalité entre les deux éléments. On pourrait objecter que
si le président et le vice-président appartiennent aux
deux éléments opposés, le principe d'égalité n'est pas
violé s'ils siègent ensemble, mais l'article 11 de la loi
de 1853 le serait, car il veut que le bureau général soit
composé, indépendamment du président ou du vice-
président, d'un nombre égal de membres patrons et de
membres ouvriers ; de plus le nombre des juges ne
serait pas un nombre impair comme semble l'exiger
cet article.

La loi de 1806 et le décret de 1809 voulaient que le
bureau général se réunisse une fois par semaine, mais
depuis le décret de 1848, article 23, il ne doit plus se
réunir que deux fois par mois pour juger les affaires
que n'a pu concilier le bureau particulier.

CHAPITRE IV

DISCIPLINE DES PRUD'HOMMES.

Dans presque tous les corps constitués il y a une discipline qui assure leur fonctionnement régulier, accroît leur prestige, et augmente la confiance qu'ils inspirent. Jusqu'en 1854 cependant, les conseils de prud'hommes n'ont pas eu de régime disciplinaire. Le gouvernement n'avait qu'un seul moyen de réprimer les abus qui étaient commis par les prud'hommes, prononcer la dissolution du conseil tout entier. C'est là un procédé par trop radical, bon à employer lorsque les abus commis l'ont été par tous les membres du conseil, ou du moins par le plus grand nombre d'entre eux, mais qui, lorsqu'il n'y a qu'un seul prud'homme qui ait manqué à ses devoirs, frappe des innocents et même par contre-coup les justiciables. Ceux-ci se trouvent en effet momentanément privés de tribunal pour faire juger leurs litiges. C'est donc par des peines individuelles que doivent être réprimées les fautes individuelles. Les décrets des 16 novembre 1854 et 8 septembre 1860 furent rendus dans ce but. Mais la constitutionnalité de ces décrets était douteuse ; en outre, une des peines qu'ils édictaient, la destitution, pouvait se trouver inefficace par suite de la réélection possible des membres contre qui elle avait été prononcée, réélection qui avait en outre l'inconvénient de faire naître des dissentiments au sein du conseil ; aussi le gouvernement déposa-t-il un projet de loi reproduisant les dispositions des décrets, mais assurant une sanction à la peine de la destitution, à laquelle on avait donné un autre nom, celui de déchéance. Ce projet de loi devint la loi du 24 mai 1864. Cette loi prévoit deux sortes d'actes pour lesquels elle édicte diverses sortes de peines : le refus de service et le fait pour un prud'homme de manquer gravement à ses devoirs dans l'exercice de ses fonctions.

Le prud'homme qui refuse de remplir le service auquel il est appelé, sans motifs légitimes, peut être déclaré démissionnaire. Pour cela le président doit le mettre en demeure, puis s'il n'obéit pas. l'appeler devant le conseil ; celui-ci appréciera si le prud'-homme n'a pas eu de motifs légitimes de refuser le service, c'est là la raison d'être de son intervention ; puis, le président dresse un procès-verbal constatant le refus de service et contenant l'avis motivé du conseil. Ce procès-verbal est transmis au préfet qui peut seul déclarer la démission du prud'homme. Il est nécessaire que le conseil soit sollicité de donner son avis, mais il n'est pas nécessaire qu'il le donne, s'il ne le fait pas dans le délai d'un mois à partir du jour où il a été convoqué dans ce but, on passe outre (art. 1er *in fine*). Le prud'homme qui est déclaré démissionnaire peut en appeler au ministre du commerce qui statue définitivement, sauf recours au conseil d'Etat pour excès de pouvoir. Il y a excès de pouvoir, quand les formes protectrices établies par la loi dans l'intérêt de l'inculpé n'ont pas été observées. Le refus de service était déjà prévu dans le décret de 1854 et puni de la même façon. Il en est de même dans les lois de 1810 sur la magistrature, du 22 juin 1831 sur les conseils généraux et du 5 mai 1855 sur les conseils municipaux.

Le manquement grave aux devoirs dans l'exercice de la fonction, peut entraîner pour celui qui l'a commis la condamnation à trois peines différentes, suivant qu'il a plus ou moins gravement manqué à ses devoirs. Ces trois peines sont : la censure, la suspension qui ne peut excéder six mois, la déchéance. La censure et la suspension sont prononcées par arrêté du ministre du commerce, la déchéance, qui est la peine la plus grave, par décret du chef de l'Etat. Comme nous l'avons vu, cette dernière peine s'appelait dans le décret de 1860, qui la créa ainsi que les deux autres, la destitution. On a substitué à ce mot celui de déchéance, sous prétexte que le mot destitution était impropre, attendu qu'il désigne l'enlèvement d'un droit par l'autorité qui l'a conféré, tandis qu'il s'agit ici de la perte d'un droit, ce que désigne justement le mot déchéance dans le langage juridique. Ce mot se trouve d'ailleurs dans l'article 59 de l'avis du conseil d'Etat du 20 avril 1810 pour désigner le droit qu'il donne à la Cour de cassation de déclarer dans certains cas les magistrats déchus de leurs fonctions. Mais la véritable raison de la substitution était d'éviter les objections que l'on avait formulées contre l'application de cette peine, objections tirées de ce que les prud'hommes étant nommés à l'élection, et le pouvoir de destituer supposant le pouvoir de nommer, cette peine ne saurait être prononcée par l'autorité administrative.

Comme pour la déclaration de démission, certaines formes doivent être observées dans l'application de ces peines. Celui qui a commis un manquement grave à ses devoirs dans l'exercice de ses fonctions doit être appelé devant le conseil par le président pour s'expliquer sur sa conduite. A la suite de ces explications, s'il comparaît et qu'il en donne, ce conseil émet un avis, il doit, ici encore, le faire dans le délai d'un mois après la convocation, sinon on passe outre. Le président dresse un procès-verbal relatant l'accomplissement de ces diverses formalités et il le transmet au préfet, qui le fait parvenir à son tour au ministre du commerce en y joignant son propre avis. C'est alors que le ministre statue sur les faits incriminés par un arrêté, ou le chef de l'État par un décret. L'avis exprimé par le conseil ou le préfet ne lie aucunement l'autorité chargée de prononcer la peine. Mais l'arrêté du ministre ou le décret sont-ils susceptibles d'un recours au conseil d'Etat? La loi n'en parle pas, et les travaux préparatoires non plus ; on admet cependant généralement, que, conformément au droit commun, un recours est possible pour excès de pouvoir; toutefois il existe un arrêt en sens contraire du conseil d'État, mais antérieur à la loi de 1864 (Conseil d'Etat, 27 février 1862, Lebon, p. 258, D. 62. 3. 25). Mais, en faveur de la possibilité d'un recours, nous avons un autre arrêt, postérieur, celui-là, à la loi de 1864 (Conseil d'Etat, 11 avril 1866, D. 66. 3. 105). Ici, comme pour la déclaration de démission, l'excès de pouvoir consiste dans l'inobservation des formes prescrites à titre de garantie, et l'arrêt précité admet qu'il n'y a pas inobservation des formes si l'inculpé, qui n'a pu se défendre devant le conseil, a été entendu par le ministre du commerce avant le décret ou l'arrêté prononçant contre lui une des peines de l'article 3 de la loi de 1864. Ces peines ne sont pas prononcées fréquemment ; outre le décret du 4 mars 1865 qui avait fait l'objet du recours au conseil d'Etat du 11 avril 1866, nous citerons deux décrets du 23 août 1888 (*Journal officiel* du 1er septembre 1888).

La peine de la déchéance pouvait sous l'empire du décret de 1860 être rendue inefficace par la réélection ; et celle-ci pouvait, comme nous l'avons dit, faire naître des conflits à l'intérieur du conseil, car le prud'homme déchu, qui serait réélu, ne manquerait pas de garder rancune à ceux qui, consultés sur l'application de la peine, avaient émis un avis favorable. Aussi, pour empêcher ces conflits de se produire et pour assurer l'efficacité de la peine prononcée, l'article 4 de la loi de 1864 est-il venu décider que le prud'homme déchu ne pourrait être élu qu'au bout de 6 ans à partir du décret prononçant sa déchéance.

De la discipline des prud'hommes dans le nouveau projet de loi. — Nous n'indiquerons que les modifications et les compléments apportés à la loi de 1864 qui se trouve presque textuellement reproduite dans le projet de loi.

Une sanction plus grave est attachée à la peine de la déchéance.

Le candidat qui en est frappé ne peut plus être réélu au conseil de prud'hommes (art. 47), tandis qu'autrefois son inéligibilité n'était que temporaire et ne durait que six ans, innovation qui ne figurait pas dans le projet voté à la Chambre. Le prud'homme déclaré démissionnaire, ainsi que celui qui donne sa démission ou refuse de se faire installer, devient inéligible pendant trois ans à partir de la démission ou du jour fixé pour l'installation (art. 46). L'acceptation d'un mandat impératif est considérée comme un manquement grave aux devoirs de la fonction, entraînant pour celui qui s'en est rendu coupable, soit l'inéligibilité si le fait est constaté par les juges chargés de statuer sur la validation de son élection, soit la déchéance s'il n'est reconnu qu'après la validation (art. 48).

Enfin l'article 59 déclare expressément applicables aux prud'hommes les articles 4 et 5 du Code civil, 505 à 508 et 510 à 516 du Code de procédure, 126, 127 et 185 du Code pénal relatifs au déni de justice, aux dispositions par voie réglementaire, aux immixtions des juges dans l'exercice du pouvoir législatif, à la prise à partie, à la coalition de fonctionnaires, à l'empiétement de l'autorité judiciaire sur l'autorité administrative et aux peines dont ces délits sont punis.

CHAPITRE V

CARACTÈRE DE LA JURIDICTION DES PRUD'HOMMES.
LES PRUD'HOMMES SONT-ILS DES JUGES ? APPAR-
TIENNENT-ILS A L'ORDRE JUDICIAIRE OU A L'ORDRE
ADMINISTRATIF ?

Il y a de nombreuses différences entre les prud'-
hommes et les juges des tribunaux ordinaires. Ils ne
sont pas nommés de la même façon, ils ont des fonctions administratives, ils prêtent serment devant le
préfet et non devant la justice, ils relèvent du ministre du commerce et non du ministre de la justice, les
peines disciplinaires ne sont pas les mêmes et il n'appartient pas au conseil de prud'hommes de les prononcer, enfin les fonctions de juges ne sont pour les
prud'hommes qu'accidentelles. En conséquence faut-
il leur appliquer les règles qui ont été écrites pour les
magistrats, sans un texte qui vienne les y soumettre
expressément? Je ne le pense pas, et je crois avec
MM. Lyon-Caen et Renault, que les prud'hommes ne
sont véritablement des juges que dans l'exercice de
leurs fonctions, que c'est seulement alors qu'on
doit leur appliquer les règles écrites pour les magistrats. En conséquence, comme la qualité de juge n'est
pour eux qu'une qualité accidentelle : 1° elle n'est pas
pour eux une cause d'inéligibilité et d'incompatibilité

comme pour les juges ordinaires ; elle ne les empêche pas d'être jurés, ainsi que l'ont décidé plusieurs arrêts de la Cour de cassation (voir notamment Cass., 17 septembre 1858, D. 58.5.109) ; 3° enfin on ne devra pas leur appliquer l'article 479 du Code d'instruction criminelle qui rend justiciables de la Cour d'appel les magistrats qui ont commis hors de leurs fonctions un délit emportant une peine correctionnelle. Mais dans l'exercice de leurs fonctions, ils sont soumis aux mêmes règles que les juges, l'article 33 de la loi de 1806 les soumet à la prise à partie et ils peuvent être récusés en vertu des articles 54 à 57 du décret du 11 juin 1809 qui sont la reproduction textuelle des articles 44 à 47 du Code d'instruction criminelle.

Maintenant, les prud'hommes appartiennent-ils à l'ordre judiciaire ou à l'ordre administratif ? On est d'accord pour dire avec M. Josseau, rapporteur de la loi du 24 mai 1864, et M. Rouland, président du conseil d'État, que les prud'hommes, vu leurs attributions à la fois judiciaires et administratives, sont une institution mixte. Tel est notamment l'avis de M. Sarrazin (*Code pratique des prud'hommes*). M. Mollot pensait au contraire qu'ils appartenaient à l'ordre administratif comme les maires qui, eux aussi, exercent accidentellement une véritable juridiction (Mollot, n° 117). Mais la juridiction qui était autrefois exercée par les maires, et à laquelle M. Mollot faisait sans doute allusion, ne saurait être comparée à celle exercée par les conseils de prud'hommes. Les maires n'avaient autrefois qu'une juridiction de police, les

conseils de prud'hommes, au contraire, ont en outre
et surtout une juridiction civile. Leur juridiction de
police n'est qu'accessoire et ils n'ont que très rarement l'occasion de l'exercer. Ils ne l'avaient pas à
l'origine et c'est seulement depuis le décret du 3 août
1810 qu'ils en sont investis. D'ailleurs, la juridiction
de police qui avait été conférée aux maires par les
articles 166 à 171 du Code de procédure, leur a été
enlevée par l'article 2 de la loi du 27 janvier 1873. La
comparaison que faisait M. Mollot n'a donc plus
maintenant aucune raison d'être.

CHAPITRE VI

ORGANISATION SPÉCIALE DES CONSEILS
DE PRUD'HOMMES D'ALGÉRIE.

L'extension à l'Algérie de l'institution des conseils
de prud'hommes, demandée en 1860 par la Chambre
de commerce et les patrons d'Alger, objet d'un vœu
du conseil général du département, sollicitée en 1866
par les ouvriers de cette même ville d'Alger, fut en
1873 l'objet d'une enquête, dans laquelle furent consultés les chambres de commerce, les municipalités,
les tribunaux do commerce de la colonie et les premiers magistrats de la Cour d'Alger. Cette enquête
ayant été favorable à l'établissement en Algérie de
cette institution, la loi du 23 février 1881 y déclara
applicables les lois et décrets qui régissent les conseils de prud'hommes de la métropole, mais elle les
modifia sur certains points, à cause de la composition
hétérogène et de la mobilité de la population. Ce sont
ces modifications que nous nous proposons d'indiquer ici.

Les patrons et ouvriers de l'industrie étant obligés,
en Algérie, de changer souvent de profession et de se
déplacer fréquemment pour pouvoir trouver du travail, il fallait adoucir les conditions de patente, d'exercice de la profession et de domicile exigées par la loi

du 1ᵉʳ juin 1853 pour pouvoir être électeur ou éligible. C'est ce que fit l'article 2 de la loi de 1881. Il décida que trois ans de patente pour les patrons, trois ans d'exercice de la profession pour les ouvriers (soit deux ans de moins que dans la loi de 1853) seraient suffisants pour leur conférer l'électorat et l'éligibilité. De même il n'exigea des uns et des autres qu'un an de domicile pour qu'ils soient électeurs et deux ans pour qu'ils soient éligibles. Toutes les autres conditions ont d'ailleurs été reproduites par la loi de 1881, telles qu'elles existent dans la loi de 1853.

La composition hétérogène de la population entraîna encore une autre modification. Comme le nombre des indigènes musulmans non naturalisés est dans certaines villes aussi grand et souvent même supérieur à celui des citoyens français, l'article 4 de la loi du 23 février 1881 a décidé, que partout où il en serait ainsi, les patrons et ouvriers musulmans éliraient parmi eux des prud'hommes assesseurs dont le nombre serait fixé par le décret d'institution. Ces prud'hommes assesseurs n'ont que voix consultative. Leur présence n'est requise que dans les causes où se trouvent un ou plusieurs musulmans. Le bureau particulier et le bureau général doivent alors comprendre deux de ces prud'hommes, un patron et un ouvrier. Ils sont élus comme les autres membres du conseil, les membres patrons par les patrons, les membres ouvriers par les ouvriers. Les conditions pour qu'ils soient électeurs et éligibles sont les mêmes, sauf qu'on n'exige pas d'eux, pour être éligibles, qu'ils sachent écrire le français,

mais il faut qu'ils sachent le parler et en outre parler
et écrire leur langue maternelle. Les électeurs musulmans sont de plus inscrits sur une liste spéciale et
prennent seuls part à l'élection des prud'hommes
assesseurs, comme les patrons et ouvriers citoyens
français ont seuls le droit de prendre part à l'élection
des autres prud'hommes.

DEUXIÈME PARTIE

ATTRIBUTIONS ET COMPÉTENCE.

Les conseils de prud'hommes ont des attributions très diverses, diversité à laquelle nous avons déjà fait allusion dans notre première partie, lorsque nous nous sommes demandé si cette juridiction appartenait à l'ordre administratif ou à l'ordre judiciaire. Toutefois l'on peut ranger ces attributions en deux catégories : la première comprenant leurs attributions judiciaires, qui consistent dans le pouvoir de concilier et de juger certains différends, la seconde comprenant des attributions qui ressemblent davantage à celles des fonctionnaires de l'autorité administrative qu'à celles des juges, et que nous appellerons attributions administratives, ou pour nous servir d'une expression déjà employée par MM. Mollot et Sarrazin, attributions des prud'hommes comme agents de la police administrative ou judiciaire. Cette classification des attributions des conseils de prud'hommes se trouvait déjà dans le décret du 11 juin 1809, dont le titre II est intitulé attributions et juridiction des conseils de prud'hommes et divisé en deux sections relatives, l'une aux attributions et l'autre à la juridiction. Nous ferons comme

les rédacteurs du décret du 11 juin 1809 et nous divi-
serons notre deuxième partie en deux titres consacrés
l'un aux attributions des prud'hommes comme juges,
attributions qui forment leur compétence proprement
dite et l'autre aux attributions des prud'hommes
comme agents de la police administrative ou judiciaire.

TITRE PREMIER

**ATTRIBUTIONS DES PRUD'HOMMES COMME JUGES
OU COMPÉTENCE PROPREMENT DITE.**

Avant de déterminer quelles sont les attributions
des prud'hommes comme juges, il est bon de faire remarquer qu'ils appartiennent, avec les juges de paix
et les tribunaux de commerce, à la catégorie des tribunaux d'exception, car cette remarque nous servira
dans cette détermination des affaires qui sont de leur
compétence.

Les tribunaux d'exception sont ainsi appelés parce
que le législateur ne leur a pas accordé la plénitude
de la juridiction, comme aux tribunaux de droit commun, mais la connaissance de certaines espèces de
contestations enlevées par lui à la compétence de
ces derniers. Le législateur a procédé de la façon suivante pour déterminer la compétence respective des
tribunaux de droit commun et des tribunaux d'exception. Il a déclaré les tribunaux de droit commun
compétents pour juger toutes les contestations qui leur
seraient soumises (1). Cette règle générale une fois
posée, il a jugé à propos d'y apporter des exceptions,
lorsque les contestations seraient de peu d'importance, ou d'une certaine nature ou entre personnes
appartenant à certaines professions. Ces contestations,

(1) Loi du 24 août 1790, art. 4.

il en a attribué la connaissance à certains tribunaux
que l'on a appelé tribunaux d'exception ou extraordinaires. Les textes qui attribuent compétence à ces tribunaux ont donc pour but de créer des exceptions à
la règle générale, en conséquence, ils doivent être in-
terprétés d'une manière restrictive conformément à la
maxime «*Exceptio est strictissimæ interpretationis*».

Depuis le décret du 3 août 1810, les prud'hommes
ne sont plus seulement des juges civils, mais aussi
des juges de répression. Nous sommes conduits par
là à diviser notre titre Ier en deux chapitres. Dans le
premier nous étudierons la compétence des prud'hommes comme juges civils, dans le second leur compétence comme juges de répression.

Nous étudierons la compétence civile des conseils
de prud'hommes à trois points de vue, au point de
vue de leur compétence *ratione materiæ*, de leur compétence *ratione personæ* et de leur compétence en
premier et en dernier ressort. Dans le paragraphe 1er
consacré à leur compétence *ratione materiæ*, nous dé-
terminerons quelles sont les affaires dont les conseils
de prud'hommes peuvent connaître en principe. Dans
le second consacré à la compétence *ratione personæ*,
quel est celui des divers conseils de prud'hommes
qui doit connaître d'une affaire déterminée à l'exclusion des autres. Enfin dans le troisième paragraphe
intitulé de la compétence en premier et en dernier
ressort nous verrons dans quels cas les jugements
des prud'hommes sont susceptibles ou non d'appel.

CHAPITRE PREMIER

COMPÉTENCE CIVILE.

§ 1. — Compétence ratione materiæ.

C'est dans l'article 6 de la loi du 18 mars 1806 et les articles 10 et 12 du décret du 11 juin 1809 que se trouvent les règles générales de la compétence *ratione materiæ* des conseils de prud'hommes.

Ces règles sont au nombre de quatre :

1re RÈGLE. — *Il faut que les parties appartiennent aux professions énumérées dans l'article 10 du décret du 11 juin 1809.*

2e RÈGLE. — *Il faut que l'une des parties soit vis-à-vis de l'autre dans un état de subordination ou que les deux plaideurs soient ouvriers.*

3e RÈGLE. — *Il faut que le différend soit relatif à l'industrie cultivée par les parties et aux conventions dont elle a été l'objet.*

4e RÈGLE. — *Il faut que l'industrie exercée par les parties soit comprise dans le décret d'institution du conseil.*

1re RÈGLE. — *Les parties doivent appartenir aux professions énumérées dans l'article 10 du décret du 11 juin 1809.*

L'article 10 du décret du 11 juin 1809 est ainsi conçu :

« Nul ne sera justiciable des conseils de prud'hommes, s'il n'est marchand fabricant, chef d'atelier,
contre-maître, teinturier, compagnon ou apprenti. »
Nous allons voir quelles sont les personnes que cet
article a voulu rendre justiciables des prud'hommes,
en l'interprétant restrictivement comme nous avons
dit qu'il fallait le faire pour tout texte attribuant compétence à un tribunal d'exception, et en nous servant
pour cela des principes fondamentaux de l'institution
des prud'hommes résultant des lois et décrets qui
leur sont spéciaux.

Marchands fabricants. — Ce mot désigne ceux
qui sont à la fois marchands, c'est-à-dire commerçants, et fabricants, c'est-à-dire qui font subir une
transformation à une matière première; autrement dit,
les marchands fabricants sont les patrons qui sont à
la tête d'une industrie commerciale. D'ailleurs nous
trouvons dans beaucoup d'autres articles l'expression
de marchand ou celle synonyme de négociant associée
à celle de fabricant, ce n'est donc pas par hasard
qu'elles se trouvent ici l'une à côté de l'autre. Nous
trouvons cette expression dans l'article 6 de la loi du
18 mars 1806, les articles 1 et 29 du décret du 11 juin
1809, les articles 1, 2 et 4 du décret du 6 juin 1848, et
si la loi du 1ᵉʳ juin 1853 a substitué l'expression de
patron à celle de marchand fabricant, elle décide dans
son article 2, que pour être électeurs, les patrons devront payer patente. Or sont seuls astreints par la loi
à payer patente, les patrons exerçant une industrie
commerciale. La substitution du mot patron à l'ex-

pression de marchand fabricant, n'implique donc
pas de la part du législateur l'intention d'innover,
bien au contraire. Cette interprétation des mots marchands fabricants est d'ailleurs confirmée par de
nombreuses décisions de jurisprudence.

Jugement du tribunal civil de Douai du 8 janvier
1869, S. 69.2.57, qui déclare les prud'hommes incompétents pour connaître des différends entre un
ouvrier mineur et le concessionnaire d'une mine de
houille ; l'exploitation d'une mine de houille n'étant
pas une exploitation commerciale, mais civile. A propos de ce jugement, il est bon de faire remarquer que
l'exploitation d'une mine peut devenir une industrie
commerciale. Il en sera ainsi si l'on fait subir des
transformations au minerai, pour le revendre ensuite
ainsi transformé, de telle sorte que l'exploitation de
la mine n'est plus que l'accessoire d'une fabrique.

Arrêt de la Cour de cassation du 18 août 1874,
S. 74.1.476, déclarant les prud'hommes incompétents
pour connaître d'une contestation entre une société
civile et les ouvriers qu'elle a employés à construire
des bâtiments sur un terrain lui appartenant.

Jugement du tribunal civil de la Seine du 18 juin
1887 (*Journal des prud'hommes*, 1887, p. 155), en vertu
duquel un conseil de prud'hommes ne doit pas connaître d'une demande de salaires formée par un ouvrier
contre un propriétaire qui l'avait employé à construire une maison sur son terrain avec des matériaux
appartenant à ce dernier (Voir d'autres arrêts dans le
même sens dans Ruben de Couder, *Dictionnaire de*

droit commercial au mot *Prud'homme*, n° 83). Mais il a été jugé en sens inverse, que si la personne qui fait construire sur un terrain lui appartenant est un entrepreneur de profession ou un architecte, celle-ci est justiciable des prud'hommes pour ses différends avec les ouvriers qu'elle emploie (Marseille, 5 avril 1866, *Journ. Mars.*, 66,1,160; Seine, 17 mars et 27 avril 1875, *Journal des prud'hommes*, 76,219 et 75,150).

Chefs d'ateliers et contre-maîtres. — Nous avons dit dans notre première partie ce qu'il fallait entendre par chef d'atelier et contre-maître, il est inutile de donner à nouveau la définition de ces deux expressions, ceux qui sont électeurs étant également justiciables des conseils de prud'hommes. Mais ne doit pas être considéré comme chef d'atelier ni comme contre-maître, le directeur d'un établissement qui ne se borne pas à surveiller le travail des ouvriers et à leur transmettre les ordres d'un patron, mais qui exerce sur les opérations de la fabrique un pouvoir de haute direction (Trib. de com. de Rouen du 8 mai 1861, *Journal des prud'hommes*, 61, 136). De même, lorsqu'au contrat de louage existant entre le patron et son contre-maître, il a été substitué un contrat innommé ayant pour objet l'emploi du contre-maître à des travaux déterminés que celui-ci exécute à titre d'employé supérieur: les contestations relatives à ce contrat sont de la compétence du tribunal de commerce et non de celle du conseil de prud'hommes (Cour d'Amiens, 1ᵉʳ décembre 1882, *Journal des prud'*-

hommes, 83, p. 170). Mais sont justiciables en qualité de contre-maîtres ou de chefs d'ateliers, même les personnes qui, exerçant ces professions, reçoivent outre leur traitement à l'année une somme proportionnelle aux produits fabriqués (Douai, 12 août 1862, *Journal des prud'hommes*, 63, 153).

Ouvriers. — Qui doit-on considérer comme ouvriers ? Est-ce toutes les personnes employées par un marchand fabricant à un titre quelconque ? Non. La Cour de Lyon dans un arrêt du 15 décembre 1892 (D. 93.2.260), a décidé que devaient être seuls considérés comme justiciables des conseils de prud'hommes *les ouvriers qui sont employés à la construction des machines ou à la confection d'un produit manufacturé.* Mais cet arrêt ajoute : « que la qualification d'ouvrier est déterminée par la nature du travail et non par le mode de rémunération, il importe peu que l'ouvrier soit payé au mois ou qu'il soit engagé pour un temps déterminé, s'il est employé à un travail industriel. » Il faut ajouter que le travail auquel est employé l'ouvrier doit se rattacher à l'industrie exercée par le patron. Appliquant ces principes, la Cour de Lyon décidait dans son arrêt « que le gareur de métiers à velours mécaniques, engagé pour une durée de trois années avec un salaire mensuel de 225 francs, devait être considéré non pas comme un commis mais comme un ouvrier de l'industrie. »

De même la jurisprudence a déclaré justiciables des prud'hommes en qualité d'ouvriers :

L'ouvrier qui reçoit une part dans les bénéfices, il

ne devient pas pour cela un associé et reste justiciable des conseils de prud'hommes (Trib. de Bruxelles, 26 novembre 1884, *Journal des prud'hommes*, 85, 112.

L'ouvrier travaillant à la pièce (Lyon, 7 juillet 1847 ; Bordeaux, 12 décembre 1854 ; Conseil des prud'hommes de la Seine, 16 novembre 1894, *Journal des prud'hommes*, 95, 39).

L'ouvrier à façon qui a fourni seulement son travail et non les matériaux nécessaires à la confection, c'est au fait de la remise de la matière pour être confectionnée moyennant salaire, qu'il faut s'attacher pour reconnaître la compétence, et non à la qualité ou à la profession de celui à qui la marchandise est confiée (Reims, 19 décembre 1866, *Journal des prud'hommes*, 67, 17 ; Seine, 17 mars 1868 et 25 mars 1869, *id.*, 68, 86, et 74, 218).

Mais ne sont pas des ouvriers :

1° *Les employés et les commis.* — En effet ils ne prennent pas part à la confection des objets qui sont manufacturés dans la fabrique, leur travail est tout à fait différent, ils tiennent les livres, vendent les produits manufacturés, les transportent de la fabrique chez l'acheteur ou dans une gare (Seine, 25 mai 1852, *Journ. trib. de com.*, I, 205 ; 21 novembre 1893, *id.*, 95, p. 101). Jugement du tribunal de commerce de la Seine du 4 janvier 1870, *Journal des prud'hommes*, 75, p. 103, déclarant les prud'hommes incompétents pour connaître d'une contestation entre un patron fabriquant et l'employé chargé de faire les recouvrements en ville.

Si les employés et commis prennent part aux travaux de fabrication, M. Ruben de Couder pense qu'ils deviennent ouvriers. Il faut pour cela qu'ils ne travaillent qu'accessoirement comme employés ou comme commis (*Contrà* : Dalloz, *Répertoire*).

Il a été jugé que les employés des pharmaciens étaient justiciables des conseils de prud'hommes ainsi que leurs patrons (Seine, 12 avril 1854, *Journal des prud'hommes*, 64,166). De même pour les photographes et leurs ouvriers (Seine, 15 janvier 1863, *id.*, 63,91).

2° *Les artistes peintres, dessinateurs ou sculpteurs.* — Ils exercent une profession libérale, la qualification d'ouvrier ne leur est donc pas applicable, d'ailleurs, le travail auquel ils se livrent est plutôt un travail intellectuel qu'un travail manuel. Mais doit-on les considérer comme des ouvriers lorsqu'ils travaillent dans une fabrique au mois ou à l'année? Je ne le pense pas, car s'ils ne jouissent plus de l'état d'indépendance caractéristique des professions libérales, le travail auquel ils se livrent doit plutôt les faire considérer comme des employés que comme des ouvriers (1) (*Contrà* : Mollot, n° 259).

3° *Le rédacteur ou traducteur d'un journal.* — Pour lui aussi on peut dire que son travail a un carac-

---

(1) Jugé que les contestations entre un dessinateur de broderies travaillant chez lui et le fabricant pour lequel il travaille ne sont pas de la compétence des prud'hommes. Seine, 24 octobre 1867 et 2 avril 1868 (*Journal des prud'hommes*, 67,227 et 68,91).

tère plus intellectuel que manuel, alors même qu'il se livre à un travail accessoire de son travail principal, tel que la correction des épreuves de ses articles. Il ne saurait pour ce fait être assimilé à un ouvrier ayant les fonctions de correcteur d'imprimerie (Trib. de com. de la Seine, 9 mars 1889, *Droit*, 18 mars 1889; Trib. de com. de la Seine, 12 avril 1887, *Gazette des Tribunaux*, 27 avril 1887).

4° Les conducteurs mécaniciens des compagnies de chemins de fer qui conduisent les locomotives, règlent leur marche.—Ils doivent être considérés comme des sous-aides ingénieurs, car leurs fonctions, qui ne leur sont conférées qu'après examen, supposent des connaissances spéciales par rapport auxquelles le travail manuel n'est qu'accessoire (Trib. de com. de la Seine, 25 janvier 1871, D. 72.3.7). Mais les mécaniciens pourvus de livrets, embauchés par les compagnies pour exécuter les réparations dont les locomotives peuvent avoir besoin, doivent au contraire être considérés comme des ouvriers, car chez eux ce qui domine c'est le travail manuel (Cons. de prud'h. de la Seine, 16 octobre 1871, D. 72.3.72).

5° Les Artisans. — Ceux-ci ne travaillent pas pour le compte d'un patron, mais pour leur propre compte. Ils ne sont pas davantage des patrons, car ils n'emploient pas d'ouvriers (Mollot, n° 258).

Telles sont les personnes que l'on doit et celles que l'on ne doit pas considérer comme des ouvriers. Mais comme il est assez difficile parfois, de savoir si une personne est bien un ouvrier au sens des lois et décrets relatifs aux prud'hommes, il faut reconnaître pour cela un certain pouvoir d'appréciation aux conseils de prud'hommes (Mollot, n° 259).

Quant aux compagnons ou apprentis, ce sont des personnes auxquelles les ouvriers dont nous venons de parler enseignent la pratique de leur profession, et pour les teinturiers, nous avons dit dans notre première partie ce qu'il fallait entendre par là.

Nous avons fini maintenant la détermination des personnes justiciables des conseils de prud'hommes, mais il nous reste à nous demander si des personnes qui ne le sont pas, pourraient le devenir si elles étaient appelées en garantie devant les prud'hommes par le défendeur à une demande principale dont le conseil de prud'hommes est saisi, et qui est de sa compétence (art. 181, C. pr.). Nous ne le croyons pas. L'article 181 suppose que le tribunal saisi de la demande principale est un tribunal du même ordre, de même degré et de même nature que celui qui est compétent en principe pour connaître de la demande en garantie. Il suppose même qu'ils sont l'un et l'autre des tribunaux d'arrondissement, car ce texte se trouve dans le livre II du Code de procédure consacré à la procédure devant les tribunaux d'arrondissement; ce tribunal n'est donc incompétent pour connaître de la demande en garantie que *ratione personæ*, en invoquant l'article 181 pour en connaître, il ne viole donc que les règles de la compétence relative, tandis que si une personne non justiciable des conseils de prud'hommes était appelée en garantie devant eux par le défendeur à une demande principale de leur compétence il y aurait violation des règles de la compétence *ratione materiæ*.

2ᵉ RÈGLE. — *Il faut que l'une des parties soit vis-à-vis de l'autre dans un état de subordination ou que les deux plaideurs soient tous deux ouvriers.*

La jurisprudence a tiré cette règle par argumentation des articles 6 de la loi du 18 mars 1806 et 12 du décret du 11 juin 1809.

L'article 6 de la loi du 18 mars 1806 ne donnait en effet compétence aux prud'hommes, que « pour les petits différends qui s'élèvent journellement soit entre des fabricants et des ouvriers, soit entre des chefs d'ateliers et des compagnons ou apprentis », elle ne leur donnait pas compétence pour juger les différends entre fabricants entre eux. Quant à l'article 12 du décret du 11 juin 1809, il décide que « les conseils de prud'hommes ne connaîtront que comme arbitres, entre un fabricant et ses ouvriers ou contre-maîtres, des difficultés relatives aux opérations de la fabrique ». Il est évident que, s'ils ne peuvent en connaître que comme arbitres entre ces personnes, ils ne peuvent en connaître comme juges entre fabricants (C. de cass., arrêt du 22 novembre 1830 ; Cass., 12 décembre 1836, S. 37.1.412, D. 37.1.194 ; Cass., 1ᵉʳ avril 1840, S. 40. 1.605 ; Trib. de com. de Tours, 30 octobre 1890, *Journ. des prud'hommes*, 90, 291).

Cette règle se conçoit aisément si l'on remarque que les contestations entre fabricants sont justement de la nature de celles dont connaissent les tribunaux de commerce, et qu'il est plus naturel de faire juger des contestations entre patrons, qui ont d'ailleurs ordinairement beaucoup plus d'importance que celles dont connaissent les conseils de prud'hommes, par un tribunal composé uniquement de patrons que par un tribunal composé mi-partie de patrons et mi-partie d'ouvriers.

Par application de notre deuxième règle, il a été jugé que les conseils de prud'hommes sont incompétents :

Pour prononcer sur la demande d'un fabricant de draps qui, ayant donné à un filateur des laines à filer, se plaint de la manière dont elles sont filées (Cass., 2 février 1825, S. 25.1.403). Mais il a été jugé en sens inverse, que le conseil de prud'hommes était compétent pour connaître d'une demande en dommages-intérêts formée par un patron contre un ouvrier façonnier, chef d'établissement patenté, parce qu'il avait reçu les marchandises à façonner non comme négociant mais comme ouvrier (Seine, 4 août 1874, *Journal des prud'hommes*, 75, 91) et pour connaître d'une demande entre une ouvrière tenant boutique et le fabricant qui lui a donné à confectionner des chemises à façon (Seine, 22 octobre 1862, *Journal des prud'hommes*, 63, 47). Dans ces deux cas, la contestation soumise aux juges n'était plus une contestation entre fabricants, mais, comme l'un des fabricants avait traité avec l'autre en qualité d'ouvrier, c'était une contestation entre patron et ouvrier.

Pour connaître les difficultés relatives à une convention faite entre un fabricant et un ouvrier pour le cas où ce dernier deviendrait lui-même fabricant parce qu'à l'époque où elles prennent naissance il n'existe plus entre les deux parties de rapport de subordination, dès lors le tribunal compétent est le tribunal de commerce (Caen, 28 juin 1842, *Pandectes*, 42.2.399).

Le conseil des prud'hommes est également incompétent pour connaître :

D'une demande formée par un fabricant contre un autre fabricant, en paiement d'une somme due au premier par un ouvrier employé par le second (S. 46. 1.334).

D'une demande en dommages-intérêts formée par un négociant contre un autre négociant, à raison d'une somme que lui doit à titre d'avance un ouvrier qui a quitté ses ateliers et qui a été reçu dans la fabrique du défendeur sans congé d'acquit (Cass., 22 novembre 1830, D. *Répert.*, n° 88).

D'une contestation entre un fabricant de matériel de chemin de fer et un individu qui se charge d'un travail à forfait en fournissant le matériel nécessaire à ses travaux (Seine, 13 février 1879, *Journal des prud'hommes*, 79, 225). Entre un entrepreneur et un sous-traitant (Cass., 12 mars 1877, *Journal des prud'hommes*, 77, 69).

De l'action d'un ouvrier embauché par un sous-traitant contre l'entrepreneur général (Trib. de com. de la Seine, 9 août 1892, *Journal des prud'hommes*, 92, 240 ; Trib. de com. de la Seine, 10 janvier 1890, *id.*, 90, 47).

Dans tous les cas que nous venons de voir il ne s'agissait pas de différends entre parties dont l'une était vis-à-vis de l'autre dans un état de subordination, mais de différends entre parties qui avaient traité l'une avec l'autre d'égale à égale. Il en est autrement dans les cas que nous allons voir maintenant. Dans ceux-là il existe bien entre les parties un rapport de subordination, d'ailleurs plus ou moins accentué. En conséquence, nous considérons les conseils de prud'hommes comme compétents pour connaître des contestations :

Entre un patron et un ouvrier qui travaille à forfait (Trib. de com. de Nantes, 3 avril 1884, *Journal des prud'hommes*, 85, 65).

Entre un patron et des ouvriers ayant exécuté des travaux entrepris à la tâche pour son compte, alors même qu'ils se seraient adjoint d'autres ouvriers pour les exécuter, ce fait ne pouvant leur enlever la qualité de tâcherons travaillant comme ouvriers à façon pour le compte du patron (Prud'hommes de Bordeaux, 21 février 1890, confirmé en appel le 21 août de la même année, *Journal des prud'hommes*, 90, 169).

Entre un patron et des ouvriers ayant pris une partie des travaux à forfait, ils ne perdent pas pour cela leur qualité d'ouvriers et ne peuvent être considérés comme des sous-traitants, mais comme des tâcherons (Trib. de com. du Havre, 26 novembre 1888, *Rec. jurisp. Havre*, 89.1.23).

Enfin par exception à la règle d'après laquelle il

faut, pour que les prud'hommes soient compétents que l'une des parties soit vis-à-vis de l'autre dans un état de subordination, ces tribunaux sont compétents pour connaître des contestations entre ouvriers. Seulement, il faut que ces ouvriers appartiennent à des industries dénommées dans le décret d'institution du conseil, et que la contestation soit relative à l'industrie à laquelle ils appartiennent. Les contestations réunissant toutes ces conditions sont très rares ; il s'est cependant présenté l'exemple suivant : un ouvrier travaillant en commun avec un autre s'était fait remplacer par un troisième, moyennant une indemnité, la contestation relative à cette indemnité a été reconnue de la compétence des prud'hommes.

3e RÈGLE.— *Il faut que le différend soit relatif à l'industrie exercée par les parties et aux conventions dont elle a été l'objet.*

Cette troisième règle est la reproduction presque littérale de l'article 10 *in fine* du décret du 11 juin 1809, lequel s'exprime ainsi (Les personnes justiciables des conseils de prud'hommes) « cessent de l'être dès que les contestations porteront sur des affaires autres que celles relatives à la branche d'industrie qu'ils cultivent et aux conventions dont cette industrie aura été l'objet. Dans ce cas, ils s'adresseront aux juges ordinaires ».

C'est pour juger les contestations nées à l'occasion du travail dans les fabriques que les conseils de prud'hommes ont été institués, ce sont ces contestations et celles-là seulement qui nécessitent de la part des juges des connaissances spéciales et techniques, ce sont les seules dont ils doivent connaître. Pour les autres contestations, il suffit que le juge connaisse les règles du droit et de l'équité, or ces règles sont plus familières aux juges des tribunaux ordinaires qu'aux membres des conseils de prud'hommes (les règles de droit tout au moins), il était donc préférable que ces derniers juges en connussent seuls. Mais dès qu'une convention est intervenue entre un patron et un ouvrier, convention relative à l'industrie exercée par tous les deux, les contestations qui s'élèvent entre eux à son sujet, soit pour son interprétation, soit pour son exécution, sont de la compétence des prud'hommes. Il n'est pas nécessaire que le contrat ait reçu un commencement d'exécution ni que l'ouvrier ait déjà travaillé pour le patron ou soit entré dans son usine (Trib. de com. de la Seine, 21 mars 1850, *Journal des prud'hommes*, 68, 144) ; de même ces contestations restent de leur compétence après que l'ouvrier a quitté l'usine, alors même qu'il aurait embrassé une autre profession que celle qu'il y exerçait (Mollot, n° 268).

La jurisprudence applique journellement la règle que nous venons de poser, et c'est parce que les contestations suivantes n'étaient pas relatives aux conventions dont l'industrie des parties avait été l'objet que les conseils de prud'hommes ont été déclarés incompétents dans les cas suivants :

Pour prononcer sur la restitution d'un matériel

d'outils déposé par un ouvrier entre les mains de son patron, non pour avances d'argent à-compte de travaux à faire, mais pour garantie d'un simple prêt (Seine, 18 juin 1860, *Journ. des prud'hommes*, 60, 230).

Pour connaître d'une demande reconventionnelle pour prêt d'argent et vente d'effets mobiliers en réponse à une réclamation de salaires (Seine, 22 décembre 1863, *Journ. des prud'hommes*, 64, 83).

Pour connaître d'une demande en dommages-intérêts basée sur la violation du secret d'une lettre entre patrons et ouvriers (Douai, 15 octobre 1843). De même pour une demande en dommages-intérêts formée par un patron contre son apprenti, à raison du préjudice que lui a causé le quasi-délit de ce dernier (blessures faites à un cheval) (Cour d'Orléans, 24 août 1877, D. 80.2.315).

Pour juger une contestation relative au commerce exercé par un fabricant, lorsque ce commerce ne consiste pas dans la vente des produits de sa fabrique. En pareil cas, c'est le tribunal de commerce qui est compétent (Mollot, n° 257). A propos de cette décision, il est bon de remarquer avec le même auteur, que si le fabricant exerce deux industries différentes et qu'il existe un conseil de prud'hommes distinct pour chacune d'elles, il est justiciable de l'un ou de l'autre suivant qu'il a un différend relatif à l'une ou à l'autre industrie (Mollot, n° 269).

La solution de toutes les questions de compétence que nous venons d'examiner était facile. Il était presque évident que les contestations dont nous venons

de parler ne satisfaisaient pas à notre troisième règle,
il n'en est pas de même de celles que nous allons
examiner maintenant.

La demande en indemnité, formée par un ouvrier
en réparation du préjudice que lui a causé la perte de
ses outils survenue à la suite d'un incendie dans les
ateliers du patron, est-elle de la compétence des prud'-
hommes ? Les conseils de prud'hommes ne devant
connaître que des contestations portant sur les conventions relatives à l'industrie exercée par les parties,
il faut pour qu'ils puissent connaître de cette demande,
que l'obligation pour le patron d'indemniser l'ouvrier
ait sa source dans le contrat de louage d'industrie, et
non dans un quasi-délit de sa part. En est-il ainsi ?
Je crois qu'à cet égard il faut distinguer si le nombre,
le volume ou le poids des outils de l'ouvrier s'oppose
ou non à ce qu'il puisse les emporter chaque soir pour
les rapporter le lendemain matin. S'il peut les emporter et qu'il les laisse, puis qu'un incendie survienne
et les détruise, on ne saurait rendre le patron respon-
sable de leur perte. L'ouvrier pouvait exécuter le contrat de louage sans laisser ses outils dans l'atelier, et
si le patron ne s'est pas opposé à ce qu'il les laisse,
il n'y a là qu'un acte de pure tolérance de sa part. Il
n'en est pas de même dans le second cas, si les outils,
à cause de leur nombre, de leur poids ou de leur volume ne peuvent pas être emportés chaque soir par
l'ouvrier à la fin de sa journée. Le patron savait, lorsqu'il a embauché l'ouvrier, que celui-ci serait forcé
pour exécuter son contrat, de les laisser chez lui, il

a donc été implicitement convenu entre eux qu'il en serait ainsi et que le patron recevrait les outils en dépôt, pendant le temps que l'ouvrier ne travaillerait pas à l'atelier ; comme tout dépositaire, il est donc tenu de l'obligation de restituer. En outre, ce dépôt étant une suite et une conséquence nécessaire du contrat de louage, l'ouvrier ne pouvant qu'à cette condition exécuter les obligations qui résultent pour lui de ce contrat, la demande en restitution est une demande relative aux conventions dont l'industrie des parties a été l'objet, et comme telle de la compétence des prud'hommes. Voir en ce sens trois jugements des conseils de prud'hommes de la Seine, 27 mars 1872, *Journal des prud'hommes*, 72, 54 ; 15 mars 1890, *id.*, 90, 145 ; 15 avril 1896, *id.*, 96, 139 et un jugement du tribunal de commerce de la Seine du 16 août 1892, *Journal des prud'hommes*, 92, 206. Toutefois deux jugements du tribunal de commerce de la Seine, l'un du 28 mars 1890, *Journal des prud'hommes*, 90, 145 et l'autre du 12 mai 1896, *id.*, 96, 139, sont en sens contraire, ils ont déclaré l'incompétence des prud'hommes et ont vu dans la demande portée devant eux une action en responsabilité résultant de l'article 1382. Mais il convient de remarquer que dans ces deux cas les ouvriers avaient mal formulé leur demande, ils ne demandaient pas la restitution de leurs outils et à défaut leur valeur, mais « simplement le paiement d'une somme représentant la valeur de ces outils » comme le dit le jugement du 12 mai 1896. Maintenant, le dépôt fait par l'ouvrier de ses outils dans l'atelier du patron est-il le dépôt nécessaire de l'article 1949 du Code civil? Je ne le crois pas, car ce n'est pas le dépôt d'objets soustraits à un danger ou à un péril quelconque et remis entre les mains de la première personne venue. Ce n'est pas davantage le dépôt nécessaire de l'article 1952 du même Code, car le patron n'est ni un hôtelier ni un aubergiste et l'ouvrier n'est pas un voyageur qui loge chez lui (*Contra*, M. Ch. Constant, *Journal des prud'hommes*, 92, 207). Par suite, l'ouvrier devra prouver par écrit le dépôt de ses outils s'ils ont une valeur supérieure à 150 francs.

Il y a encore une autre sorte de demande en indemnité entre patron et ouvrier pour laquelle on peut soutenir soit la compétence soit l'incompétence des prud'hommes. C'est la demande d'une indemnité formée par un ouvrier contre son patron en réparation du préjudice que lui a causé un accident survenu au cours de son travail. L'incompétence du tribunal est évidente si l'on considère cette demande comme une demande en dommages-intérêts fondée sur un quasi-délit du patron, sur l'article 1382. Telle est l'opinion universellement admise par la jurisprudence française, mais telle n'est pas celle admise par la jurisprudence belge et par beaucoup d'auteurs : MM. Vavasseur, Glasson, Sauzet, Sainctelette, etc. Pour eux, l'action intentée par l'ouvrier contre son patron, à raison d'un accident, a sa source dans le contrat de louage, c'est une action *ex contractu*. De ce contrat ne résulterait pas seulement pour le patron l'obligation de donner à l'ouvrier le salaire promis, mais encore l'obligation de prendre toutes les mesures propres à sauvegarder la santé et la vie des ouvriers et entre autres de leur fournir des outils en bon état (Sauzet dans la *Revue critique*, 1883, p. 615 ; Glasson, *Le Code civil et la question ouvrière*, pages 36 et suivantes). Si cette théorie était acceptée par la jurisprudence française, les demandes en indemnité pour accidents survenus dans le travail seraient de la compétence des conseils de prud'hommes, mais comme nous l'avons vu, elle n'est pas admise par elle (Trib. de com. de la Seine, 21 février 1882, *Journal des prud'hommes*, 82, 208 et 24 mai 1890, *id.*, 90, 206).

Si la jurisprudence se refuse à considérer comme ayant sa source dans le contrat de louage d'industrie, l'obligation pour le patron d'indemniser l'ouvrier blessé au cours de son travail, il n'en est pas de même lorsque le patron s'est engagé, moyennant une retenue sur le salaire de ses ouvriers, de leur donner une indemnité quotidienne en cas de chômage à la suite d'un accident survenu dans le travail. Elle voit alors dans cet engagement du patron un contrat accessoire du contrat de louage d'ouvrage, et elle en tire cette conséquence, que les contestations auxquelles il donne lieu, notamment le règlement de l'indemnité à laquelle l'ouvrier blessé a droit en vertu de ce contrat accessoire, sont de la compétence des prud'hommes (Trib. de com. de la Seine, 20 mai 1892, *Journal des prud'hommes*, 92, 195 ; Trib. de com. de Boulogne,

6 décembre 1892, *Journal des prud'hommes*, 93, 86 ;
Trib. de com. de la Seine, 13 janvier 1888, *Journal
des prud'hommes*, 88, 63).

Mais les prud'hommes sont incompétents pour
connaître de la demande formée par un ouvrier en
règlement de son compte à la caisse de prévoyance
instituée par le patron ou la société qui l'emploie,
lorsque cette caisse de prévoyance a été instituée, par
le patron ou la société, à titre de pure libéralité et
qu'elle est alimentée au moyen de prélèvements sur
les bénéfices. Le règlement de cette caisse ne saurait
alors être considéré comme un contrat accessoire de
celui de louage d'ouvrage, surtout lorsque ceux qui
ont institué cette caisse et qui l'ont faite se sont ré-
servé le pouvoir de la modifier ou même de l'annuler
(Cass., 18 avril 1893, D. 93.1.275).

Enfin les conseils de prud'hommes sont encore
compétents pour connaître des demandes relatives
au *contrat d'apprentissage* et au *certificat d'emploi.*La
loi du 22 février 1851, relative aux contrats d'apprentissage en effet, a expressément attribué compétence
aux conseils de prud'hommes pour les différends qui
peuvent naître, à propos de ce contrat, entre maître
et apprentis. Mais il ne faut pas voir là une extension
de la juridiction des prud'hommes, car d'après l'article 6 de la loi du 18 mars 1806 les prud'hommes devaient connaître des contestations entre patrons, chefs
d'ateliers et ouvriers d'une part et apprentis d'autre
part ; en outre le contrat d'apprentissage est bien une
convention dont l'industrie du patron et de l'apprenti

a été l'objet, comme le veut l'article 10 *in fine* du décret du 11 juin 1809.

Aux termes donc de l'article 18 de la loi du 22 février 1851, toute demande à fin d'exécution ou de résolution du contrat doit être portée devant le conseil de prud'hommes du domicile du maître (c'est-à-dire de la fabrique). Les demandes à fin d'interprétation doivent l'être également. C'est même le mot interprétation qui se trouvait dans le projet et non celui d'exécution. Ce dernier y fut inséré à la suite d'un amendement de M. Benoit Champy, et la commission supprima alors le mot interprétation comme étant compris dans celui d'exécution (V. Sarrazin).

L'article 18 *in fine* et l'article 19 donnent également compétence aux prud'hommes pour les demandes en indemnité auxquelles peut donner lieu la résolution du contrat. Ces demandes en indemnité peuvent être formées, suivant les cas, soit par l'apprenti contre le patron, soit par le patron contre l'apprenti et même contre un tiers (art. 13 de la loi), lorsque ce tiers sera un patron, chef d'atelier ou ouvrier qui aura détourné l'apprenti de chez son maître. Mais le conseil de prud'hommes n'a le droit de régler les indemnités dues en cas de résolution, que lorsqu'elles ne l'auront pas été à l'avance par les parties (art. 19). Enfin, si le différend relatif à l'apprentissage s'élève entre le patron et un tiers qui a promis d'en payer le prix, il échappe à la juridiction des prud'hommes; mais non s'il s'élève entre le maître et les représentants légaux de l'apprenti, père, mère, tuteur.

Maintenant, si nous lisons l'article 1ᵉʳ de la loi du 22 février 1851, nous voyons que le contrat d'apprentissage dont s'occupe cette loi est un contrat qui intervient entre personnes justiciables des prud'hommes, « c'est un contrat, dit cet article, par lequel un fabricant, un chef d'atelier ou un ouvrier s'oblige à enseigner la pratique de sa profession à une autre personne qui s'oblige en retour à travailler pour lui ». Ce sont bien là les mêmes personnes que celles que l'article 6 de la loi du 18 mars 1806 et l'article 10 du décret du 11 juin 1809 déclarent justiciables du conseil de prud'hommes. C'est donc la connaissance des contestations relatives au contrat d'apprentissage passé entre ces personnes, que l'article 18 de la loi soumet à la compétence des prud'hommes, et non celles relatives au contrat par lequel des personnes non justiciables des prud'hommes s'engageraient à apprendre à d'autres la pratique de leur profession. C'est ainsi que la Cour d'appel de Toulouse a déclaré, que le contrat par lequel un dentiste s'engage envers un tiers, qu'il prend chez lui comme élève, à lui enseigner moyennant certaines obligations la pratique de sa profession, ne constituait pas le contrat d'apprentissage réglé par la loi du 22 février 1851 (Cour d'appel de Toulouse, arrêt du 27 novembre 1891, S. 92.2.170).

Quant au certificat d'emploi, c'est un certificat que l'ouvrier a le droit d'exiger de son patron à l'expiration du louage de services qui le lie à celui-ci. Il doit contenir la date de l'entrée de l'ouvrier, celle de sa sortie et l'espèce de travail auquel il a été employé (art. 3 de la loi du 2 juillet 1890). S'il s'élève une contestation entre un patron et un ouvrier de l'industrie à propos de ce contrat, par exemple si l'ouvrier soutient que le certificat que le patron lui a délivré ne contient pas les mentions exigées par la loi, cette contestation doit être portée devant les prud'hommes, car c'est bien là une contestation relative à l'exécution du contrat de louage d'ouvrage.

4ᵉ Règle. — *Il faut que l'industrie exercée par les parties soit comprise dans le décret d'institution du conseil.*

Cette règle est-elle bien une règle de compétence *ratione materiæ* des conseils de prud'hommes ou seulement une règle de compétence *ratione personæ*? La Cour de cassation dans un arrêt du 1ᵉʳ avril 1840 (D. 40.1.139) et divers tribunaux de commerce (Trib. de com. de Saint-Nazaire, 21 mars 1884 ; trib. de com. d'Alger, 5 octobre 1887 ; trib. de com. de la Seine, 18 juin 1887) ont considéré cette règle comme une règle de compétence *ratione materiæ*. Mais dans un arrêt du 12 novembre 1887, le tribunal de commerce de la Seine a décidé qu'il fallait voir là une règle de compétence *ratione personæ*. Je crois qu'il a eu tort de modifier sa jurisprudence, car les conseils de prud'hommes sont des tribunaux d'exception, incompétents *ratione materiæ* pour juger les contestations dont la connaissance ne leur a pas été attribuée par la loi. Or l'on doit considérer comme ne leur ayant pas été attribuée par la loi la connaissance des contestations relatives à d'autres industries que celles dénommées dans les décrets qui les ont institués. Car si l'article 6 de la loi du 18 mars 1806 et l'article 10 du décret du 11 juin 1809 disent que les conseils de prud'hommes pourront connaître de toutes les contestations entre personnes appartenant à des fabriques, lorsque ces contestations seront relatives au contrat de louage d'industrie, ils n'ont pas voulu dire que les prud'hommes pourraient toujours connaître de ces contestations, ils ont seulement voulu déterminer quelles étaient les contestations dont les décrets spéciaux à chaque conseil pourraient lui attribuer la connaissance. Cela résulte du but que l'on se proposait d'atteindre lorsque l'on créa les prud'hommes, on voulait faire juger des contestations nécessitant de la part des juges certaines connaissances techniques et spéciales, par des individus qui les possédaient, or les membres d'un conseil de prud'hommes n'appartiennent pas à d'autres industries que celles dénommées dans le décret d'institution, et comme ils n'ont de connaissances spéciales que relativement aux industries qu'ils exercent, pour les autres la compétence du conseil dont ils font partie n'a donc pas de raison d'être. D'un autre côté, la loi, en disant que les industries dénommées dans les décrets d'institution fourniraient seules des électeurs et des éligibles au conseil de prud'hommes, a également voulu dire par là que celles-là seulement leur fourniraient des justiciables (art. 2 de la loi du 1er juin 1853) (1).

(1) Voir en ce sens Lyon-Caen et Renault, Ruben de Couder, Devilleneuve Massé et Dutruc, Ch. Constant, *Journal des prud'hommes*, 1890, p. 25, *Contrà*, Sarrazin, n° 26.

§ 2. — Compétence ratione personæ.

Contrairement à ce qui a lieu pour les autres tribunaux, ce n'est pas la maxime *actor sequitur forum rei* qui sert à déterminer la compétence *ratione personæ* des conseils de prud'hommes. Le conseil de prud'hommes compétent pour statuer sur une difficulté entre patron et ouvrier n'est pas celui du domicile du défendeur, mais celui de la fabrique à laquelle appartiennent les deux parties (art. 11 du décret du 11 juin 1809). Quand la contestation s'élève à propos d'un travail exécuté en dehors d'un atelier ou d'une usine, le conseil de prud'hommes compétent est celui du lieu où le contrat de louage a été exécuté, c'est là que se trouve alors la fabrique, de cette façon, les parties n'ont pas besoin de se déplacer et le litige est jugé d'après l'usage des lieux (Trib. de com. de la Seine, 2 mai 1893, *Journal des prud'hommes*, 93, 142) (1). La circonscription du conseil comprend tantôt un canton, tantôt un arrondissement, cet arrondissement correspond plutôt à celui sur lequel s'exerce la juridiction du tribunal de commerce qui est le tribunal d'appel des sentences du conseil de prud'hommes

(1) On doit également considérer que la fabrique se trouve dans tout endroit dans lequel un patron réunit des ouvriers et où ces derniers doivent se tenir à sa disposition et lui obéir absolument, comme l'a jugé le tribunal de commerce du Havre (20 décembre 1880, *Journ. des prud'hommes*, 1882, p. 138) qui a déclaré le conseil des prud'hommes de cette ville compétent pour juger une contestation entre un patron et un ouvrier se rendant à la Nouvelle-France (Océanie) : « Attendu que cette contestation s'était élevée au Havre où l'ouvrier s'était rendu pour se mettre à la disposition de son patron. »

plutôt qu'à l'arrondissement administratif. Il peut arriver aussi que la circonscription ne comprenne qu'une partie de canton, ou plusieurs cantons mais sans qu'elle corresponde pour cela ni à l'arrondissement administratif, ni à la circonscription du tribunal de commerce.

§ 3. — Compétence en premier et en dernier ressort.

A l'origine, les conseils de prud'hommes ne devaient juger que les procès d'un intérêt minime, mais leur compétence à ce point de vue s'est rapidement accrue et ils peuvent connaître de tous les litiges, quelle que soit leur importance, pourvu qu'ils satisfassent aux règles de compétence que nous venons d'étudier.

D'après l'article 6 de la loi du 28 mars 1806, si les prud'hommes pouvaient connaître comme conciliateurs de tous les différends entre marchands fabricants et contre-maîtres ou ouvriers, ils ne pouvaient en connaître comme juges que lorsque le différend portait sur une somme inférieure à 60 francs (art. 6 et 9). Ils statuaient d'ailleurs en dernier ressort. Mais dès le décret du 11 juin 1809, ils purent connaître en premier ressort de tous les différends dont nous venons de parler « quelle que soit la quotité de la somme dont ils seraient l'objet » (art. 23). En outre le chiffre de leur compétence en dernier ressort, qui était resté de 60 francs dans le décret de 1809, fut successivement porté à 100 francs par l'article 2 du décret du 3 août 1810, et à 200 francs en *capital* par l'article 13 de la

loi du 1er juin 1853. Ce chiffre de 200 francs est celui
de la demande. Dans le décret du 3 août 1810 au contraire, la base du chiffre du dernier ressort était la
condamnation en principal et accessoires, il en était
de même dans le projet du gouvernement. Mais la
commission pensa qu'il valait mieux fixer la compétence en dernier ressort des prud'hommes d'après le
chiffre de la demande suivant le droit commun. Car
fixer le chiffre du dernier ressort d'après le chiffre de
la condamnation, c'est permettre au tribunal de rendre à son gré son jugement inattaquable, sauf le recours en cassation, et priver ainsi la partie qui est
condamnée, de soumettre le différend à un tribunal
d'un degré supérieur plus indépendant et plus désin-
téressé. Pour arriver à ce résultat, le tribunal n'aura
qu'à prononcer une condamnation inférieure au chiffre
du dernier ressort. D'un autre côté, il résultait du
décret du 3 août 1810 et du projet du gouvernement,
que la compétence en dernier ressort des tribunaux
jugeant les différends entre patrons et ouvriers, était
déterminée d'après deux principes différents, suivant
que le tribunal compétent pour en connaître était un
conseil de prud'hommes ou un juge de paix.

Mais si en fixant le chiffre de la compétence d'après
le chiffre de la demande, il y a de la part de l'article 13 de la loi de 1853 un retour au droit commun,
cet article s'en écarte sur un autre point. En effet la
loi du 11 avril 1838 pour les tribunaux civils et celle
du 25 mai 1838 pour les juges de paix, déterminent le
chiffre de la compétence en dernier ressort d'après le

principal de la demande, tandis que l'article 13 de la
loi de 1853 le détermine d'après le *capital*. Or l'une
de ces deux expressions est plus compréhensive que
l'autre. Le *principal* comprend en effet, en outre du
capital, les intérêts et autres accessoires qui peuvent
être dus au jour de la demande.

Devant les conseils de prud'hommes comme devant
les autres juridictions, le défendeur peut former une
demande reconventionnelle. Devra-t-on tenir compte
de cette demande pour savoir si le conseil de prud'-
hommes connaîtra de l'affaire en premier ou en dernier ressort ? Sans aucun doute, car lorsque l'article 13
de la loi du 1er juin 1853 décide que les jugements des
conseils de prud'hommes seront sujets à l'appel lorsque la demande excédera 200 francs, il vise aussi bien
la demande reconventionnelle formée par le défendeur que la demande principale ; telle est d'ailleurs
la règle admise devant toutes les juridictions qui ont
une compétence en premier et en dernier ressort.Donc,
lorsque soit la demande principale, soit la demande
reconventionnelle sera supérieure à 200 francs,le jugement rendu le sera en premier ressort seulement.
Mais que décider si la demande reconventionnelle est
une demande en dommages-intérêts exclusivement
fondée sur la demande principale ? Cette question
est plus difficile, car elle est résolue d'une façon différente dans notre droit pour les juges de paix d'une
part et les tribunaux d'arrondissement et de commerce
d'autre part. L'article 8 de la loi du 25 mai 1838 sur
les juges de paix ne fait pas d'exception pour ces de-

mandes. Comme les autres demandes reconventionnelles elles donnent lieu à appel lorsqu'elles excèdent
le chiffre de la compétence en premier ressort des
juges de paix. L'article 2, § 3 de la loi du 11 avril 1838
pour les tribunaux civils et l'article 639 du Code de
commerce pour les tribunaux de commerce décident
au contraire, que l'on ne devra pas tenir compte, pour
savoir si le jugement à intervenir sera en premier ou
en dernier ressort, des demandes reconventionnelles
en dommages-intérêts lorsqu'elles seront fondées
exclusivement sur la demande principale. Quelle
est celle de ces deux règles qu'il convient d'appliquer
aux conseils de prud'hommes dans le silence de
leurs textes spéciaux? Le désaccord existe sur cette
question à la fois dans la jurisprudence et dans la
doctrine. MM. Lyon-Caen et Renault (*Traité de droit
commercial*, t. I, n° 549) pensent que l'on doit appliquer la loi du 25 mai 1838 comme étant plus conforme
aux principes de la matière. Je ne suis pas de cet avis,
et en voici la raison. La loi de 1853 comme le décret
de 1809 a déterminé la compétence du premier et dernier ressort des conseils de prud'hommes d'après le
même principe que la loi du 11 avril 1838 pour les
tribunaux civils, elle a donné aux conseils de prud'-
hommes une compétence illimitée en premier ressort,
tandis que la loi du 25 mai 1838 n'a donné aux juges
de paix qu'une compétence limitée aussi bien en premier qu'en dernier ressort. Je considère donc comme
plus logique, d'appliquer aux prud'hommes, lorsqu'il
s'agit de savoir s'ils doivent connaître en premier ou

en dernier ressort d'une demande reconventionnelle
en dommages-intérêts exclusivement fondée sur la
demande principale, la loi du 11 avril 1838, qui détermine les limites de la compétence à ce point de vue
d'après le même principe que la loi de 1853. D'ailleurs,
en déclarant applicable aux prud'hommes la loi du 25
mai 1838 on n'éviterait pas la singularité dont parlent
MM. Lyon-Caen et Renault et il pourrait encore se faire
que l'appel serait admis lorsque le juge de paix serait
compétent à défaut du conseil de prud'hommes, tandis
qu'il serait exclu lorsque ce serait ce dernier tribunal
qui jugerait. Il en serait ainsi toutes les fois que la
demande serait entre 100 et 200 francs, car en pareil
cas le juge de paix jugerait en premier ressort seulement, tandis que le conseil de prud'hommes jugerait
en dernier ressort.

On peut encore dire en faveur de la théorie que
nous soutenons, et ce n'est pas là le moindre argument, que lorsqu'une question n'est pas prévue dans
les textes spéciaux à une juridiction d'exception
comme l'est celle dont nous nous occupons, elle doit
être résolue d'après les règles admises devant les juridictions ordinaires, celles-là seules formant le droit
commun, tandis que les règles établies pour les tribunaux d'exception sont des règles d'exception comme
les tribunaux pour lesquels elles ont été faites, et ne
doivent pas être étendues à d'autres.

Enfin notre opinion est conforme aux règles de l'é-
quité, car elle empêche le patron de rendre susceptible d'appel, une contestation dont l'intérêt est infé-

rieur à 200 francs, en formant une demande reconventionnelle supérieure à ce chiffre qui n'aurait d'autre fondement véritable que son désir de se venger de l'ouvrier et de lui faire perdre un temps précieux. Voir en ce sens Ch. Constant, *Revue de Droit commercial*, 1885, p. 151 ; Jugement du tribunal de com. du Havre, 4 décembre 1882, *Revue de Droit commercial*, 1882, 2, p. 29 ; jugements des conseils de prud'hommes de la Seine, de Toulouse, de Lille. Arrêts de la Cour de cassation du 12 août 1887, S. 90, 1, 405 ; 30 mai 1892, S. 92, 1, 416 ; 10 janvier 1893, S. 93, 1, 88 ; 31 octobre 1893, S. 94, 1, 16. En sens contraire, Trib. de com. de la Seine, 13 juin 1884, 27 juin 1884, 30 octobre 1884, *Revue de Droit commercial*, 1885, 2, p. 10 et suivantes. Trib. de com. de Roubaix, 29 septembre 1893, *Journ. des prud'hommes*, 93, 266.

La demande reconventionnelle, pour être considérée comme fondée exclusivement sur la demande principale, ne doit d'ailleurs s'appuyer sur aucun autre fait que le dommage causé au défendeur par l'action intentée contre lui. On ne saurait la considérer comme telle si elle est fondée sur un fait antérieur à l'assignation. Cass., 29 mai 1892, S. 92, 1, 416 et 10 janvier 1893, S. 93, 1, 88.

CHAPITRE II

Cette seconde sorte d'attributions des prud'hommes comme juges proprement dits, ne leur a été accordée que par le décret du 3 août 1810. La loi de 1806 et le décret de 1809 ne leur avait accordé que le droit de réprimer les délits commis au cours de leurs audiences.

Le pouvoir donné aux prud'hommes de réprimer certaines contraventions commises dans les ateliers se justifie à peu près par les mêmes raisons que leur compétence civile. On a pensé qu'il serait moins déshonorant pour le défendeur d'être appelé pour répondre du fait répréhensible commis par lui devant un tribunal comme les conseils de prud'hommes, ressemblant plutôt à une réunion d'arbitres, que s'il était appelé devant le juge de paix. Le jugement rendu produira moins d'animosité entre les parties et excitera moins les autres ouvriers.

Les faits que les conseils de prud'hommes ont le droit de connaître comme juges de police, sont, dit l'article 4 : « tout délit tendant à troubler l'ordre et la discipline de l'atelier, tout manquement grave des apprentis envers leur maître ». Remarquons d'abord que le mot délit est impropre, attendu que d'après le

Code pénal le délit est le fait puni d'une peine correctionnelle ; or l'article 4 du décret du 3 août 1810 ne donne aux prud'hommes que le droit de prononcer des peines de simple police ; d'ailleurs le mot contravention serait lui-même inexact, car les termes généraux de l'article 4 ne permettent pas de soutenir que pour que le fait soit porté devant les prud'hommes, il faille qu'il constitue une contravention aux termes du Code pénal. Les faits dont veut parler cet article sont les disputes, les injures, les actes d'insubordination, les querelles et tous les autres faits du même genre contraires à la discipline de l'atelier. Peu importe par qui ces faits sont commis, que ce soit par les contre-maîtres et les patrons comme par les ouvriers, le décret ne fait pas de distinction. Toutefois, si un ouvrier fait condamner pour un de ces faits son patron, il est à présumer que ce dernier ne le gardera pas dans son atelier, il y serait d'ailleurs forcé pour y conserver quelque autorité.

Les personnes justiciables des prud'hommes au point de vue pénal sont les mêmes que celles qui en sont justiciables au point de vue civil. Ils ne doivent pas connaître des faits tendant à troubler l'ordre et la discipline de l'atelier si leurs auteurs sont étrangers aux fabriques sur lesquelles s'étend la juridiction du conseil. Mais si l'ouvrier qui a commis le fait répréhensible appartient à ces fabriques, peu importe qu'il travaille dans un autre atelier que celui dont il a troublé l'ordre, car la loi ne distingue pas.

Comme il n'y a pas de ministère public auprès des

conseils de prud'hommes et que le décret qui leur confère un droit de juridiction en matière de police ne leur donne pas le droit de se saisir d'office, il faut donc qu'ils le soient par une citation directe de la partie lésée pour qu'ils puissent connaître d'une contravention de leur compétence. Aucun texte ne leur donne le droit d'ordonner l'emprisonnement préventif de l'inculpé. Quant à la procédure que l'on devra suivre pour arriver au jugement, on doit décider dans le silence du décret du 3 août 1810 que ce sera la même qu'en matière civile, sauf que l'affaire sera portée directement devant le bureau de jugement.

L'article 4 du décret ne donne expressément aux prud'hommes que le droit de prononcer la peine de la prison de un à trois jours. Peuvent-ils également condamner à des dommages-intérêts? Le décret ne le dit pas, mais on doit admettre qu'ils le peuvent comme tous les tribunaux de répression. Seulement, ce droit pour les tribunaux criminels de condamner à des dommages-intérêts n'est qu'accessoire par rapport à leur droit de prononcer une condamnation pénale, aussi les tribunaux criminels ordinaires se considèrent-ils comme n'ayant pas le droit de statuer sur les dommages-intérêts lorsqu'ils ont acquitté le prévenu. Doit-il en être de même pour les prud'hommes? M. Mollot ne le pense pas. A la différence des tribunaux criminels ordinaires, les prud'hommes sont à la fois juges civils et juges criminels. Alors pourquoi, dit-il, ne pas leur donner le droit de statuer tout de suite sur les dommages-intérêts, si le fait qui n'a pas été reconnu comme devant être puni de l'emprisonnement est néanmoins de leur compétence civile et devrait être ensuite porté devant le conseil jugeant au civil? Sans doute on éludera ainsi la règle qui veut que toute contestation passe par le bureau de conciliation, mais la conciliation n'aurait guère de chance de réussir après que les deux parties sont allées devant le tribunal de répression.

La sentence prononcée est-elle susceptible d'appel? Le texte ne le dit pas non plus, mais on doit admettre l'affirmative, en vertu de l'article 172 du Code d'instruction criminelle qui déclare, que tous les jugements en matière de police, qui prononceront une peine d'emprisonnement, pourront être attaqués par la voie de l'appel. Ce qui pourrait faire concevoir un doute à cet égard, c'est que l'article 4 décide que l'article 19 de la loi du 22 germinal an XI n'est pas abrogé par lui. Or cet article, qui attribuait également compétence à certaines autorités de police pour les affaires de simple police entre patrons et ouvriers, décidait que les condamnations prononcées par ces autorités le seraient sans appel, mais cette loi a été abrogée implicitement par le Code d'instruction criminelle. Le tribunal d'appel est le tribunal correctionnel de l'arrondissement. L'appel doit d'ailleurs être interjeté dans les dix jours de la signification de la sentence à personne ou domicile (art. 174, C. inst. cr.).

Dans notre droit moderne toutes les infractions sont prescriptibles, aussi bien celles prévues par le Code pénal, que les délits de presse, de chasse, de

pêche, les crimes et délits électoraux, etc. Les infractions à l'ordre et à la discipline de l'atelier de la compétence des prud'hommes ne sauraient échapper à cette
règle. D'un autre côté, le Code pénal classant les diverses infractions d'après la peine dont elles sont punies,
et déclarant dans son article 1ᵉʳ que les infractions que
les lois punissent des peines de simple police sont des
contraventions, nous devons considérer comme des
contraventions les infractions de la compétence des
prud'hommes. En conséquence la prescription qui leur
est applicable est celle des articles 630 et 640 du Code
d'instruction criminelle. L'action publique se prescrira donc par un an à dater du jour où l'infraction
a été commise (art. 640), et les peines prononcées par
deux ans à compter du jour où elles ne pourront plus
être attaquées par la voie de l'appel.

Les infractions qui sont de la compétence des prud'
hommes peuvent également être portées devant les
tribunaux de police et correctionnels, lorsque les faits
contraires à l'ordre et à la discipline de l'atelier constituent des infractions prévues par le Code pénal.
Mais doivent-ils en connaître, même lorsque ces infractions auront déjà fait l'objet d'un procès devant
les prud'hommes ? Ordinairement lorsqu'une personne a déjà été traduite devant un tribunal qui l'a
condamnée ou acquittée, elle ne peut l'être devant un
autre pour le même fait, autrement que par l'effet d'une
voie de recours. Mais il y a exception à cette règle
lorsque la première juridiction saisie est une juridiction disciplinaire, la décision rendue par elle n'em_

pêche pas le tribunal de répression de connaître à son tour de l'affaire. Doit-on considérer les prud'hommes jugeant en qualité de juges de police comme exerçant une juridiction plutôt disciplinaire que répressive? Je le crois, vu que les prud'hommes ne peuvent pas condamner à l'amende, et que la plus forte peine qu'ils puissent prononcer est celle de trois jours d'emprisonnement. Autrement il se produirait ce fait extraordinaire, qu'un individu qui aurait commis un délit, puni par le Code pénal de deux à cinq ans de prison, en serait quitte pour 3 jours de prison parce qu'il aurait déjà été condamné à cette peine pour ce fait par un conseil de prud'hommes. D'ailleurs l'article 4 du décret du 3 août 1810 dit expressément que la compétence pénale qu'il accorde aux prud'hommes l'est sans préjudice de la concurrence des officiers de police et des tribunaux. C'est ce qui a été décidé par un arrêt de la Cour de cassation du 9 avril 1836, à propos d'une décision des prud'hommes pêcheurs de Marseille, mais cette décision doit être étendue aux prud'hommes industriels.

TITRE II

ATTRIBUTIONS DES PRUD'HOMMES COMME AGENTS DE LA POLICE ADMINISTRATIVE OU JUDICIAIRE.

Les attributions des conseils de prud'hommes que nous étudierons sous ce titre sont relatives : 1° à la vérification de certaines étoffes ; 2° à la garde et à la conservation des dessins de fabrique ; 3° aux règlements de compte entre patrons et chefs d'ateliers ; 4° à la constatation de certains faits contraires aux lois et aux règlements ; 5° à la visite des ateliers ; 6° aux avis qu'ils doivent donner à l'autorité administrative qui lui sont demandés par elle et à ceux qu'elle doit leur demander.

Vérification de certaines étoffes. — Les prud'-hommes ont seuls le droit de constater si une étoffe de soie est unie ou façonnée, ils font l'office d'experts légaux (Lyon, 7 avril 1824, *Rec. arr. Lyon*, t. 2, p. 221). Ils avaient encore autrefois le droit de vérifier si les draps destinés au Levant réunissaient les con-ditions prescrites par la loi du 11 septembre 1807, mais cette loi n'étant plus en vigueur, le droit que son article 11 conférait aux prud'hommes n'existe plus.

Conservation des dessins de fabrique. — « Le con-seil des prud'hommes est chargé des mesures conser-vatrices de la propriété des dessins de fabrique », dit

l'article 14 de la loi du 18 mars 1806. Ces mesures
conservatrices consistent dans le dépôt, aux archives
du conseil de prud'hommes, d'un échantillon du dessin dont le fabricant qui l'a inventé veut s'attribuer
la propriété. Cet échantillon doit être sous une enve-
loppe revêtue des cachets et de la signature du fabricant ainsi que du cachet du conseil de prud'hommes
(art.15).Cedépôt estmentionné sur un registre *ad hoc*
tenu par le conseil de prud'hommes, lequel doit déli-
vrer au déposant un certificatoù sera inscrit le numéro
d'ordre du paquet déposé et la date du dépôt (art. 16).
Le déposant s'assurera ainsi la propriété exclusive
de son dessin, soit pour une durée temporaire, soit à
perpétuité, suivant la déclaration qu'il fera de sa vo-
lonté à ce sujet (art. 18). Après que ces diverses formalités ont été accomplies, si deux fabricants reven-
diquent la propriété du même dessin, dont chacune a
déposé un échantillon aux archives du conseil de
prud'hommes, celui-ci procèdera à l'ouverture des en-
veloppes déposées par eux et délivrera un certificat
indiquant le nom du fabricant qui aura fait le premier
dépôt (art. 17) ainsi que la conformité du dessin reproduit sur les étoffes à l'échantillon. Quant à la question
de propriété du dessin, elle n'est pas de la compétence
des prud'hommes mais du tribunal de commerce,ainsi
que les actions en dommages-intérêts pour contrefaçon. Mais est-ce tout au moins au président du conseil de prud'hommes qu'il appartient d'ordonner la
saisie des objets contrefaits ? Ou bien est-ce à une autre autorité, et cette autorité quelle est-elle ? Comme

il y a sur cette question controverse entre les auteurs il nous faut entrer ici dans plus de détails.

On admettait autrefois que c'était au président du conseil des prud'hommes qu'il appartenait d'ordonner la saisie des objets contrefaits, on considérait que ce droit résultait de celui accordé aux prud'hommes par les articles 10 et 11 de la loi de 1806, de constater les contraventions aux lois et règlements, et d'envoyer aux tribunaux compétents, les procès-verbaux qu'ils aurontdressés pour constater ces contraventions,ainsi que les objets saisis. Tel est encore l'avis de M. Pouillet, n° 109 de son *Traité des dessins de fabrique* et Ruben de Couder, n° 108. Quand il n'y a pas de conseil de prud'hommes, ces auteurs décident qu'il faut accorder ce droit aux commissaires de police, ou suivant les cas, au juge de paix, conformément à la loi du 19 juillet 1793.

Tout d'abord je considère qu'il est inexact de dire que la loi du 19 juillet 1793 ait donné aux commissaires de police le droit de saisir les objets qui sont la contrefaçon d'un dessin de fabrique. Cette loi est intitulée loi relative aux droits de propriété des auteurs, compositeurs de musique, peintres et dessinateurs. Comme ce titre l'indique, c'est une loi rendue pour protéger la propriété littéraire et artistique, ou comme dit son article 7, « les productions de l'esprit ou du génie qui appartiennent aux beaux-arts », mais non la propriété industrielle et commerciale dont les dessins de fabrique font partie. Ce sont donc les exemplaires contrefaits des dessins qui appartien-

nent aux beaux-arts, que l'article 3 de la loi donne le
droit aux officiers de paix de saisir, comme les gravu-
res, les lithographies destinées à servir d'ornement,
de tableaux ou qui composent des albums ; mais cet
article ne leur donne pas le droit de saisir les objets
qui sont des contrefaçons d'un dessin de fabrique déposé, les étoffes où ce dessin a été reproduit par l'im-
pression ou le tissage, lorsque celui qui l'a ainsi reproduit est un autre que le propriétaire déposant.
Mais ce droit, la loi de 1806 l'a-t-elle donné aux prud'-
hommes? Ce n'est pas l'avis de la majorité des auteurs,
ni l'opinion consacrée par la jurisprudence la plus
récente. D'après ces auteurs et cette jurisprudence,
c'est au président du tribunal civil que ce droit appartient, et cela en vertu de l'article 54 du décret du
30 mars 1808 qui lui donne le droit d'autoriser les
mesures d'urgence (Trib. civ. de la Seine, 27 août 1879,
Ann. prop. ind., 80, p. 110. Cour de Douai, arrêt du
2 février 1885, Voir Dalloz, *Supplément au Répertoire*,
au mot *Industrie et Commerce*, n° 296). Mais comme
nous l'avons dit, MM. Pouillet, Mollot et Ruben de
Couder (1) ne se sont pas ralliés à cette opinion. Ils
considèrent que lorsqu'un fabricant contrefait un dessin de fabrique, il commet une contravention à la loi
de 1806, loi relative aux fabriques. Or les articles 10,
11 et 13 de cette loi qui donnent aux prud'hommes le
droit de constater les contraventions aux lois et règlements leur donnent également le droit de faire des

____

(1) Pouillet, *Dessins et modèles de fabrique*, p. 171 ; Mollot, *Code
de l'ouvrier* ; Ruben de Couder, *Dictionnaire du Droit commercial.*

visites chez les fabricants, chefs d'ateliers et ouvriers,
d'envoyer les procès-verbeaux constatant les contraventions aux tribunaux compétents, ainsi que « les
objets saisis »,commme dit l'article 11 ou « les objets
formant pièce de conviction », comme dit l'article 13.
Ces articles donnant aux prud'hommes le droit d'envoyer les objets saisis leur donnent implicitement le
droit d'en ordonner la saisie, et il n'y a pas lieu de
faire exception à cette règle pour la contrefaçon d'un
dessin de fabrique. Cette opinion me paraît préférable,
mais j'admets qu'à défaut de conseil de prud'hommes
on doive alors recourir au droit commun, à l'autorité
compétente pour autoriser les mesures d'urgence d'a-
près le droit commun, c'est-à-dire au président du tribunal civil. C'est d'ailleurs à lui que la loi du 5 juillet 1844 sur les brevets d'invention a donné le droit
d'autoriser la saisie des objets contrefaits, ainsi que
la loi du 25 juin 1857 sur les marques de fabrique,
pour les objets portant une marque contrefaite.

Les dispositions de la loi de 1806 sur les dessins de
fabrique sont également applicables aux modèles de
fabrique. La loi ne le dit pas, mais on doit cependant
l'admettre, attendu qu'aucune de nos lois ne s'occupe
des modèles de fabrique et qu'il y a d'ailleurs une
grande analogie entre les dessins et les modèles de
fabrique, ces derniers n'étant pas autre chose qu'un
dessin en relief. La jurisprudence est d'ailleurs cons-
tante en ce sens.

Quant aux marques de fabrique, les prud'hommes
n'ont plus relativement à elles aucune espèce d'attri-

butions depuis la loi du 25 juin 1857. Autrefois les fabricants qui voulaient avoir la propriété exclusive d'une marque, devaient en déposer un modèle au secrétariat du conseil et les prud'hommes avaient un droit d'arbitrage entre les fabricants qui prétendaient à la propriété de la même marque (art. 4 à 9 du décret du 11 juin 1809) ; lorsqu'il s'agissait de marques de quincaillerie et de coutellerie, ils avaient même le droit d'en connaître comme juges (art. 8 et 9 du décret du 5 septembre 1810). Mais comme l'a fait remarquer le rapporteur de la loi de 1857, les contestations relatives à la propriété des marques de fabrique sont des contestations entre patrons et non entre patrons et ouvriers ; il est donc plus naturel de les faire juger par un tribunal composé seulement de patrons comme le tribunal de commerce que par un tribunal composé de patrons et d'ouvriers.

Règlements de compte entre les fabricants et les chefs d'ateliers. — Les chefs d'ateliers sont, comme nous l'avons dit, des personnes qui reçoivent d'un patron des matières premières pour les lui rendre après les avoir fait façonner. Ordinairement le patron fait des avances aux chefs d'ateliers sur ce qu'il leur devra lorsqu'ils auront achevé le travail qu'il leur a donné à faire. La loi de 1806 a voulu que les avances et les remises de matières, ainsi faites aux chefs d'ateliers, soient constatées sur des livres tenus en double qu'elle a appelés livres d'acquit. Les chefs d'ateliers doivent en demander la délivrance au conseil de prud'hommes

qui en constatent la remise sur un registre *ad hoc*
ainsi que la date à laquelle elle a lieu. Le chef d'atelier
remet un de ces registres au patron pour le compte
duquel il travaille et dont il peut exiger un récépissé.
C'est le patron qui inscrit sur les deux registres les
remises de matières et les avances qu'il fait. C'est
à lui également que le chef d'atelier doit s'adresser
pour faire régler son compte, lorsqu'il cesse de travailler pour ce fabricant. Ce dernier déclarera sur les
livres, soit que le chef d'atelier est quitte envers lui,
soit qu'il reste lui devoir une certaine somme qu'il
indiquera. Cette déclaration ne fait preuve que vis-à-
vis des fabricants et du chef d'atelier et à la condition que le règlement de compte soit accepté par le
chef d'atelier. On induira son acceptation du fait
d'avoir laissé inscrire la déclaration sur son propre
livre d'acquit et de l'avoir repris sans réclamation
(Mollot, n° 333). Mais s'il n'accepte pas le règlement
de compte fait par le patron, il doit s'adresser au conseil de prud'hommes qui jugera le différend. Il doit
d'ailleurs s'adresser à lui pour qu'il appose son visa
sur les livres d'acquit. Seulement, ce visa sera donné
par le bureau de conciliation, si les parties s'entendent
pour le règlement du compte, tandis que dans le cas
contraire il sera donné par le bureau de jugement.

Quand un patron emploie un chef d'atelier muni
d'un livre d'acquit, il doit d'abord le faire viser aux
autres négociants employant des mêmes métiers dans
le même atelier, puis s'engager à retenir la huitième
partie du salaire du chef d'atelier pour payer les det-

tes de ce dernier vis-à-vis des autres négociants, en
payant d'abord celui qui sera le plus ancien créancier.
Mais si le chef d'atelier a cessé de travailler pour le
compte du précédent fabricant sans son consentement,
celui qui consent à le faire travailler devra payer à
son prédécesseur, tout ce qui lui sera dû en compte
de matières et ce qui lui est dû comme avances
d'argent jusqu'à concurrence de cinq cents francs,
ce qui n'empêche pas qu'il doive faire la retenue
indiquée plus haut pour payer les autres créanciers.
De même, le manufacturier qui occupe un chef d'a-
telier non muni de livre d'acquit, sera tenu de payer
tout ce qu'il doit en compte de matières et ce qu'il
doit en compte d'argent jusqu'à concurrence de cinq
cents francs.

Grâce aux dispositions que nous venons d'analy-
ser, les patrons ne courront aucun risque de perdre
la matière qu'ils remettent aux chefs d'ateliers ni les
avances qu'ils leur font, ils se montreront donc moins
difficiles pour donner de l'ouvrage aux chefs d'ateliers
et pour leur faire des avances.

*Constatation de certains faits contraires aux lois
ou règlements.* — Nous avons déjà fait allusion à ce
droit accordé aux prud'hommes, par l'article 10 de la
loi du 18 mars 1806, de constater les contraventions
aux lois et règlements. Le mot contravention est employé par cet article, dans son sens général de tout fait
susceptible de répression, il est synonyme d'infraction.
Il faut cependant que ces contraventions soient des

contraventions aux lois et règlements relatifs aux
fabriques, mais il n'est pas nécessaire que les prud'-
hommes en doivent connaître comme juges. L'article 11
décidant que les procès-verbaux qu'ils dresseront
seront envoyés aux tribunaux compétents, ne laisse
aucun doute à cet égard. Ils ont donc le droit de constater les contraventions aux lois et règlements relatifs
aux fabriques, alors même qu'elles seraient de la compétence des tribunaux correctionnels ou de la cour
d'assises, comme ceux prévus par les articles 413 à 420,
423 et 424, 440 et 443, 222 et 223 du Code pénal. Mais
les prud'hommes n'ont ce droit que s'ils en sont requis par les intéressés. La plainte qui leur est adressée à ce sujet peut d'ailleurs être faite verbalement,
il n'est pas nécessaire qu'elle soit rédigée par écrit.
La constatation doit être faite par deux prud'hommes,
un fabricant et un chef d'atelier, qui se rendent sur les
lieux, assistés d'un officier public. Cet officier public
est un officier de la police administrative et judiciaire,
un commissaire de police, ou s'il n'y en a pas dans
la commune où se fera la constatation, un maire ou
un adjoint. Les prud'hommes doivent dresser un procès-verbal, mais comme la loi n'a pas dit que ces procès-verbaux feraient preuve jusqu'à inscription de
faux, on doit en conclure, par application de l'arti-
clo 154 du Code d'instruction criminelle, qu'ils ne fe-
ront foi que jusqu'à preuve contraire (*Contra*, Mollot, p. 359).

Parmi les contraventions que les prud'hommes
peuvent constater, la loi mentionne expressément,

dans son article 12, « les soustractions de matières
premières qui pourraient être faites par les ouvriers
au préjudice des fabricants et les infidélités commises
par les teinturiers ». Ces soustractions commises
par les ouvriers sont les délits de vol et d'abus de
confiance prévus par les articles 386 et 408 du Code
pénal, et l'on doit également considérer comme des
abus de confiance, les infidélités des teinturiers ; ces
infidélités sont en effet, l'emploi de la couleur fournie
par le fabricant à teindre d'autres étoffes que les sien-
nes ou la vente d'une partie de cette couleur, délits
analogues à ceux prévus par l'article 408 du Code
pénal. Les prud'hommes peuvent aussi constater les
altérations ou suppressions de nom sur les produits
de fabrique (loi du 28 juillet 1824).

Visites dans les ateliers. — L'article 29 de la loi
de 1806 donne aux prud'hommes le droit de faire une
ou deux visites par an dans les ateliers. Ils doivent
s'informer du nombre des ouvriers et des métiers,
des machines, outils, etc., de l'état dans lequel se trouve
l'industrie, si elle est dans une période de crise, quelles
sont les causes de cet état, les moyens de l'en tirer.
Ils devront envoyer des renseignements aux chambres
de commerce en y joignant tout ce que ces visites leur
auront suggéré pour l'amélioration de la fabrication
et les progrès de l'industrie (V. rapport de Regnault
de St-Jean d'Angely sur la loi de 1806).

Le décret du 11 juin 1809 a soumis à certaines formes les visites dans les ateliers (art. 64 à 66). Il a in-

terdit formellement à ceux qui faisaient ces visites de demander communication des livres d'affaires et des procédés de fabrication que les fabricants voudraient tenir secrets. Les prud'hommes ne doivent pas profiter de la mission qui leur est confiée pour s'attribuer les secrets de fabrication de leurs concurrents. Pour donner le temps à ceux-ci de dérober aux regards des prud'hommes les procédés qu'ils veulent tenir secrets ceux-ci doivent les prévenir de leur visite deux jours à l'avance, mais les fabricants doivent leur donner un état exact du nombre des ouvriers et des métiers.

Si les prud'hommes éprouvent quelque difficulté dans l'accomplissement de leur mission, ils peuvent requérir le concours de la police municipale.

Avis. — Le gouvernement peut enfin, en vertu de l'article 19 de la loi du 1ᵉʳ juin 1853, demander aux conseils de prud'hommes leur avis sur les questions qu'il lui plaira de leur poser et ceux-ci doivent le lui donner. En outre, les conseils de prud'hommes doivent être consultés sur les propositions qui pourraient être faites, d'étendre à d'autres industries, la loi du 7 mars 1858 sur le tissage et le bobinage, loi qui a établi pour les contestations sur les remises de matières aux ouvriers et leurs conventions avec les patrons quelque chose d'analogue aux livres d'acquits des chefs d'ateliers.

APPENDICE

ATTRIBUTIONS ET COMPÉTENCE DES PRUD'HOMMES
DANS LES NOUVEAUX PROJETS DE LOI DE LA CHAM-
BRE ET DU SÉNAT.

Les attributions et la compétence des conseils de
prud'hommes ont subi d'assez nombreuses modifications dans les projets de lois de la Chambre et du Sénat.

La compétence pénale que leur avait donnée le décret du 3 avril 1810 leur a été enlevée, ils n'ont plus
que le droit de réprimer les infractions à la police de
l'audience en vertu des articles 10 et 11 du Code de
procédure, que les projets de loi déclarent applicables
aux prud'hommes. Leur compétence civile au contraire est considérablement augmentée, surtout dans
le projet de la Chambre qui étend la juridiction des
prud'hommes aux patrons, ouvriers, employés et commis du commerce, de l'agriculture, de l'industrie des
mines et de celle des transports. Toutes ces personnes deviendraient donc justiciables des prud'hommes
et toutes les contestations qui s'élèveraient à propos
des conventions relatives à leurs professions seraient
de leur compétence. Mais le Sénat n'a pas été aussi
novateur. De toutes ces extensions il n'a admis que
celles relatives à l'industrie des mines.

Quant à la compétence *ratione personæ*, les projets de loi la déterminent, comme dans la loi actuelle, par la situation de la fabrique, excepté dans le cas où le travail doit être effectué en dehors de la fabrique, dans lequel ils donnent alors compétence au conseil de prud'hommes du lieu de l'engagement.

La compétence en dernier ressort est étendue. Le chiffre en est porté à 500 francs par le projet de la Chambre et à 300 francs par celui du Sénat. A l'inverse, les attributions des prud'hommes comme agents de la police administrative et judiciaire ont été restreintes. On leur a enlevé le droit de faire des visites dans les ateliers que leur avait donné l'article 29 de la loi de 1806. La loi de 1853 étant abrogée par les projets de loi, ils ne sont plus forcés de donner leur avis au gouvernement lorsque celui-ci le leur demande, mais comme la loi de 1853 n'avait attaché aucune sanction au cas où les prud'hommes refuseraient de donner leur avis, la situation reste en fait la même qu'auparavant.

TROISIÈME PARTIE

PROCÉDURE ET VOIES DE RECOURS

———

TITRE PREMIER

PROCÉDURE

———

CHAPITRE PREMIER

PROCÉDURE DEVANT LE BUREAU DE CONCILIATION.

C'est devant le bureau de conciliation que doivent
tout d'abord être portées les affaires de la compétence
des conseils de prud'hommes, et ce n'est que lorsque
ses efforts pour les terminer à l'amiable auront été
vains, qu'elles seront soumises au bureau général.

Concilier les parties est d'ailleurs la mission capi-
tale des prud'hommes, celle de les juger n'est qu'accessoire par rapport à elle. Eviter les procès entre
patrons et ouvriers, réaliser l'union du capital et du
travail afin d'assurer la prospérité et le développement

de l'industrie, tel est le but que s'est proposé le législateur en créant les prud'hommes. C'est pourquoi il a voulu que ceux-ci essaient tout d'abord de terminer à l'amiable les différends qui seraient portés devant eux, soit en engageant les deux parties à abandonner une partie de leurs prétentions réciproques, soit en leur en montrant l'injustice ou l'exagération. La façon dont est rédigé l'article 6 de la loi du 18 mars 1806 ne laisse pas de doute à cet égard : « Le conseil des prud'hommes est institué (dit-il d'abord), pour terminer par la voie de conciliation... », puis plus loin « il est également autorisé à juger... » En outre cet article donne aux prud'hommes le droit de concilier tous les différends quelle que soit leur importance, tandis qu'il ne leur donne le droit de juger que ceux qui portent sur une somme inférieure à 60 francs. Enfin on pourrait encore tirer argument du texte des articles 23 et 27 du décret du 11 juin 1809.

Si la mission pour les prud'hommes de juger les parties n'est qu'accessoire par rapport à celle de les concilier, on ne doit pas hésiter à appliquer l'article 48 du Code de procédure lorsque le bureau général sera saisi d'une affaire qui n'aura pas été portée au préalable devant le bureau de conciliation, le bureau général devra donc refuser d'en connaître.

Aucune affaire n'est dispensée du préliminaire de conciliation, pas même celles dans lesquelles l'une des parties est un mineur ou une femme mariée. L'article 6 de la loi du 18 mars 1806 a posé une règle générale et ni cette loi ni aucune autre loi ou décret relatif aux prud'hommes n'y a apporté d'exception. Seulement, comme le tuteur représente le mineur en justice et dans tous les actes civils, c'est lui qui fera citer l'autre partie ou qu'on citera devant les prud'hommes, c'est également lui qui devra se présenter devant eux au jour fixé pour la tentative de conciliation. Tel n'est cependant pas l'avis de M. Sarrazin, mais le système admis par cet auteur est assez bizarre, tandis qu'il décide en principe que le mineur devra se présenter seul devant le bureau de conciliation, il admet une exception à cette règle lorsque le mineur sera soumis à la puissance paternelle, en ce cas, dit-il, le mineur ne pourra conclure d'arrangement sans l'assistance de son père, celui-ci agissant comme administrateur de la personne et des biens de son fils. Mais est-ce que le tuteur n'est pas lui aussi administrateur de la personne et des biens de son pupille? La solution doit donc être la même dans les deux cas. La tentative de conciliation aura d'ailleurs bien plus de chance de réussir si c'est le tuteur qui se présente pour le mineur, que si c'est le mineur qui se présente en personne ; car l'autre partie ne se souciera pas de faire en conciliation des conventions qui seront, ou rescindables pour cause de lésion si l'acte est de ceux que la loi permet au tuteur de faire sans l'accomplissement de formalités, ou nulles si le tuteur ne peut les faire qu'en accomplissant certaines formalités. L'adversaire du mineur consentira au contraire à terminer la contestation à l'amiable avec le tuteur, car il sait que les actes passés par celui-ci au nom du mineur sont valables, excepté ceux que la loi ne lui donne le droit de faire qu'en accomplissant certaines formalités, et lorsqu'il ne les a pas accomplies. C'est justement par un de ces actes, la transaction, que se terminent ordinairement les tentatives de conciliation ; or, les formalités exigées par la loi pour sa validité, si elles étaient accomplies, occasionneraient des frais qui, le plus souvent, dépasseraient l'intérêt du litige ; de telle sorte qu'il est du devoir de tout bon tuteur de se refuser à les observer. Doit-on en conclure que l'autre partie ne voudra jamais alors consentir à une transaction ? Non assurément, car cette convention, nulle de nullité relative, pourra devenir valable si le mineur la ratifie lorsqu'il sera parvenu à sa majorité laquelle peut n'être pas très éloignée ; ensuite il existe un moyen pour l'autre partie de se garantir contre le dommage que pourrait lui causer la non-ratification du mineur, c'est de ne consentir à la transaction, que si le tuteur se porte fort pour son pupille, de cette façon il aura une action en dommages-intérêts contre le porte-fort, si la transaction n'est pas ratifiée par le mineur devenu majeur. Mais si c'est le tuteur qui doit se présenter devant le bureau de conciliation, rien n'empêche d'appeler également le mineur. Sa présence pourra même être très utile. Il pourra démentir les allégations inexactes de l'autre plaideur, fournir des explications sur l'affaire, engager son tuteur à transiger et déterminer ainsi celui-ci à se porter fort pour lui. Enfin son adversaire pourra être touché par sa jeunesse et se montrer plus conciliant. Il y a même un cas dans lequel c'est le mineur qui devra se présenter en personne devant le bureau de conciliation. Il en sera ainsi lorsque le mineur, au lieu d'être en tutelle, est émancipé. La loi (art. 482, C. civ.) lui donne alors le droit d'intenter seul les actions mobilières, or toutes les actions portées devant les prud'hommes appartiennent à cette catégorie.

La femme mariée doit comme le mineur émancipé se présenter en personne devant le bureau de conciliation, son mari n'est pas son représentant légal comme le tuteur l'est pour le mineur. Si elle est séparée de biens, elle pourra consentir seule toutes sortes de conventions en conciliation, car l'article 1449 du Code civil lui donne alors le droit de disposer de son mobilier et de l'aliéner, mais il n'en est pas de même si elle est mariée sous le régime de communauté. Sous ce régime les produits de l'industrie et du travail de la femme tombent dans la communauté. Or l'article 1426 du Code civil décide que la femme ne peut disposer des biens de la communauté sans le consentement du mari, et comme d'autre part conclure un arrangement relativement à ces biens devant le bureau de conciliation serait en disposer, il lui faut le consentement de son mari pour que la convention intervenue soit valable.

Les règles que nous venons de poser pour le mineur et la femme mariée sont difficilement applicables dans certains cas, par exemple, lorsque le mineur n'a pas de tuteur ou que la femme a été abandonnée par son mari. M. Mollot dit qu'en pareil cas, les prud'-

hommes ont l'habitude de ne pas exiger la nomination d'un tuteur ou l'autorisation du mari, et il approuve cette pratique, qui, si elle n'est pas conforme aux principes rigoureux du droit, l'est aux principes de l'équité. Il est en effet équitable et humain de permettre au mineur et à la femme mariée, qui se trouvent dans les conditions que nous venons de supposer, de se présenter devant le bureau de conciliation sans exiger d'eux la présence du tuteur ou le consentement du mari ; alors surtout qu'il s'agira le plus souvent d'une contestation sur un faible salaire après lequel ils attendent pour vivre. On devra également étendre la même solution au cas où le domicile du mineur et celui de la femme mariée seront éloignés de l'endroit où demeure le tuteur ou le mari. D'ailleurs, pour la femme, on peut dire avec M. Sarrazin qu'elle est autorisée tacitement par le mari à toucher son salaire aussi bien que pour acheter les provisions alimentaires et les choses nécessaires à son entretien et à celui du ménage.

Comparution des parties. — Les parties peuvent d'abord comparaître volontairement comme devant le juge de paix. Elles doivent alors déclarer, que ne pouvant se mettre d'accord sur le différend qui les divise, elles s'adressent au conseil pour qu'il les concilie ou termine leur différend par un jugement. Cette déclaration doit être signée par elles, si elles ne savent signer, mention en est faite dans le procès-verbal qui est rédigé sans frais par le secrétaire (décret du 11 juin 1809, art. 58).

Si les parties ne comparaissent pas volontairement, le demandeur fera citer le défendeur à comparaître devant le bureau de conciliation. Cette citation a d'abord lieu par une simple lettre du secrétaire (art. 29 du décret du 11 juin 1809). Il faut pour qu'elle soit valable qu'il y ait un jour franc entre la date de la remise et celle de la comparution, délai qui doit être augmenté d'un jour par cinq myriamètres si le défendeur demeure à plus de cinq myriamètres du lieu où siège le conseil de prud'hommes. Si le défendeur ne comparaît pas au jour fixé par la lettre du secrétaire, il lui est alors envoyé une citation par exploit d'huissier, lequel doit contenir les indications ordinaires des exploits, à peine de nullité pour celles qui sont substantielles. Cette citation comme celle qui a lieu par lettre du secrétaire doit être remise au domicile du défendeur au moins un jour franc avant le jour fixé pour la comparution, délai qui sera augmenté également d'un jour par cinq myriamètres si le défendeur est domicilié à plus de cinq myriamètres du lieu où siège le conseil de prud'hommes. Si la citation a été irrégulièrement signifiée, par exemple si les délais de comparution n'ont pas été observés ou si elle a été signifiée à un domicile autre que celui du défendeur, le conseil peut en prononcer la nullité et ordonner qu'il en sera envoyé une nouvelle aux frais du demandeur, lequel aura son recours contre l'huissier en vertu de l'article 1382 du Code civil. Le demandeur ne peut pas charger n'importe quel huissier du canton de faire la citation, comme c'est la règle pour les juges de paix (art. 16 de la loi du 25 mars 1838), il doit pour cela s'adresser à l'huissier attaché au conseil qui possède seul ce droit (art. 30 du décret du 11 juin 1809). Mais faut-il décider que cet huissier ne pourra pas instrumenter, s'il est parent ou allié jusqu'au degré de cousin issu de germain inclusivement du demandeur, comme le décide l'article 66 du Code de procédure civile? En l'absence de dispositions à ce sujet dérogeant à cette règle dans les textes spéciaux aux prud'hommes, il faut répondre affirmativement. Le demandeur devra alors demander au conseil de prud'hommes l'autorisation de faire citer par un autre huissier.

Dans le projet de loi, la citation par huissier au cas de non-comparution au jour fixé par la lettre du secrétaire a été supprimée. Si c'est le demandeur qui ne comparaît pas, l'affaire est rayée du rôle et ne peut être reprise qu'après un délai de huit jours. Si au contraire c'est le défendeur, l'affaire est renvoyée devant le bureau de jugement comme au cas de non-conciliation (art. 28).

La citation en conciliation interrompt la prescription et fait courir les intérêts, mais pour cela il faut que le demandeur cite le défendeur devant le bureau de jugement dans le délai d'un mois à compter du jour de la non-comparution ou de la non-conciliation. L'article 57 du Code de procédure fait produire ces effets à la citation en conciliation devant le juge de paix, et on doit décider par analogie qu'ils seront également produits par la citation à comparaître devant le bureau de conciliation.

Les parties devront se présenter devant les prud'hommes au jour fixé par la lettre d'invitation à comparaître du secrétaire ou par la citation de l'huissier. La comparution doit avoir lieu en personne. Les plaideurs ne peuvent pas comme devant le juge de paix se faire représenter par un fondé de pouvoir en cas d'empêchement. L'article 29 de la loi du 18 mars 1806 ne leur donne ce droit que dans deux cas, celui d'absence et celui de maladie, encore ne sont-ils pas libres de choisir pour les représenter qui bon leur semble. Ils ne peuvent charger de cette mission qu'un parent exerçant une profession commerciale (négociant ou marchand, dit l'art. 29). On admet d'ailleurs que si le plaideur absent ou malade est un ouvrier, et s'il n'a pas de parent marchand ou fabricant, il peut se faire remplacer par un ouvrier (Mollot, n° 305 ; Ruben de Couder, n° 124).

La raison de l'obligation de comparaître en personne est double. En premier lieu on a pensé arriver plus facilement par là à la conciliation. Il arrive souvent en effet que des plaideurs, qui se rendent à une tentative de conciliation avec la ferme intention de ne rien abandonner de leurs prétentions, consentent à transiger lorsqu'elles sont devant le juge. Une fois en présence, l'animosité et la rancune des deux parties s'atténuent et cela d'autant plus facilement qu'il n'a pas été sans exister entre elles une certaine sympathie, comme cela arrive ordinairement entre personnes qui ont ensemble des rapports de travail. D'un autre côté, on a pensé que l'affaire serait moins bien expliquée par les mandataires que par les parties. Celles-ci connaissent les faits pour les avoir vus ou accomplis, tandis que les mandataires ne les connaissent que par ce que leur en ont dit ceux qu'ils représentent.

La comparution en personne et l'impossibilité de se faire représenter au cas d'absence ou de maladie par d'autres personnes qu'un parent marchand ou fabricant, si elles ont des avantages, ont aussi des inconvénients, ainsi que l'a démontré M. Guillaumin, avocat à la Cour d'appel de Paris, dans un article paru dans le *Journal des prud'hommes* de 1896, inconvénients qui n'existaient pas autrefois, mais qui sont une conséquence du développement de la grande industrie et de la disparition de l'ancienne habitude, pour les membres d'une même famille d'embrasser la même profession. Actuellement, chacun choisit la profession qui lui plaît le mieux et pour laquelle il se sent le plus de dispositions, peu lui importe si ce n'est pas celle de son père ; il y a même une tendance à ce qu'il en choisisse une autre. De telle sorte qu'il est souvent difficile de trouver dans la même famille deux personnes exerçant la même profession. Par suite, si l'une d'elles a une affaire devant les prud'hommes et qu'au jour fixé pour la comparution elle se trouve malade ou absente, elle est obligée de faire défaut, défaut qui n'aura pas des conséquences très graves lorsqu'il aura lieu devant le bureau de conciliation mais qui entraînera contre la partie une condamnation par défaut, s'il a lieu devant le bureau de jugement.

D'autre part, par suite du développement de la grande industrie, ce n'est plus le patron d'une grande manufacture qui connaît le mieux l'affaire pour laquelle il est cité devant les prud'hommes, car il n'a plus de rapports directs avec ses ouvriers. Il n'est donc plus, comme il l'était autrefois, celui qui peut donner sur le différend les explications les plus nettes et les plus précises, mais ce sont ses contremaîtres, qui sont ses intermédiaires auprès des ouvriers, et auxquels il a remis le soin de s'occuper de la police de l'atelier et de l'embauchage des ouvriers. L'impossibilité pour le patron de se faire représenter par eux a en outre pour lui les plus grands inconvénients. Comme il occupe un grand nombre d'ouvriers, il est souvent appelé devant les prud'hommes, cela lui prend beaucoup de temps, pendant lequel il ne peut s'occuper de la direction de son usine, direction pour laquelle il lui est plus difficile de se faire remplacer que pour défendre ses intérêts en justice. Il en résultera pour lui de graves pertes et peut-être la faillite. Si on suppose maintenant qu'au lieu d'avoir une seule manufacture, il en possède plusieurs situées dans des villes différentes, on voit à quels déplacements il sera obligé et l'impossibilité pour lui de satisfaire aux exigences de la loi s'il est appelé devant plusieurs conseils de prud'hommes à la fois. Ces inconvénients ont été aperçus par le Sénat en 1894 qui, dans le projet de loi qu'il a voté, a permis d'une façon générale aux patrons de se faire représenter, mais seulement par le directeur gérant de leur établissement ou un employé fondé de pouvoirs.

Dans le cas où un plaideur peut se faire représenter par un parent fabricant ou marchand, celui-ci doit être porteur de sa procuration, mais en pratique on se contente d'une procuration non enregistrée et même verbale. Le projet de loi décide à cet égard que le représentant du plaideur malade ou absent devra être porteur de la lettre du secrétaire signée par le destinataire et légalisée.

Les plaideurs, s'ils ne peuvent se faire représenter, peuvent cependant se faire assister d'un conseil ou d'un avocat, l'article 29 du décret du 11 juin 1809 ne le leur défend pas, bien que le tribunal de commerce de Lille dans un jugement du 15 juin 1888 ait prétendu le contraire (*Gaz. Pal.*, 88, 2, *Suppl.*, 54). L'article 25 du projet de loi, au contraire, leur interdit formellement de se faire assister.

A l'audience, les parties doivent s'expliquer avec modération et se conduire avec respect (art. 33 du décret du 11 juin 1809). Au cas où elles ne le feraient pas, le prud'homme marchand fabricant, ou plus exactement le prud'homme qui présidera le bureau de conciliation (art. 4 de la loi du 4 février 1880), les rappellera à leurs devoirs par un avertissement. S'ils n'en tiennent pas compte et qu'il y ait récidive de leur part, l'article 33 donne au bureau le pouvoir de leur infliger une amende, qui ne doit pas être supérieure à dix francs, avec affiche du jugement dans la ville où siège le conseil. Enfin, s'ils se rendent coupables d'insulte ou d'irrévérence grave envers les prud'hommes, ils peuvent se voir condamner par eux (art. 34 du décret du 11 juin 1809) à la peine de l'emprisonnement pour une durée de trois jours au maximum. Les prud'hommes peuvent d'ailleurs considérer, comme insulte ou irrévérence grave envers eux, une voie de fait que l'un des plaideurs aurait commise devant eux à l'égard de son adversaire. Ils ne peuvent cependant pas réprimer toutes les infractions commises à l'audience, mais seulement celles qui constituent des contraventions ou qui leur sont assimilables. Cela résulte de la limite à trois jours de prison de la peine qu'ils peuvent prononcer (cette peine est donc toujours une peine de simple police, art. 464 du C. P.), et de la façon impérative dont est rédigé l'article 34 (V. Mollot). Si donc l'infraction est un crime ou un délit, ils doivent en dresser un procès-verbal qu'ils enverront aux tribunaux compétents.

Les jugements pour infraction à la police de l'audience sont, dit l'article 36, exécutoires par provision et par conséquent susceptibles d'appel. Mais en vertu de l'article 172 du Code de procédure cet appel n'est pas possible lorsque la condamnation prononcée est une condamnation à l'amende inférieure à 5 francs.

En vertu de l'article 54 du Code de procédure, applicable aux prud'hommes dans le silence de leurs textes spéciaux, les prud'hommes doivent dresser un procès-verbal relatant le résultat de la tentative de conciliation. Si celle-ci a abouti, il mentionnera les conditions de l'arrangement, mais si malgré leurs efforts elle a échoué, il y est simplement dit que les parties n'ont pu s'accorder. Celles-ci sont alors renvoyées devant le bureau général. Enfin, toujours en vertu de l'article 54 du Code de procédure, le procès-verbal dressé par le bureau de conciliation a force d'obligation privée, et il faut naturellement donner à cette expression le sens qu'on lui donne quand il s'agit des procès-verbaux dressés par le juge de paix à la suite d'une tentative de conciliation. Ce procès-verbal est donc un acte authentique faisant foi jusqu'à inscription de faux, d'ailleurs, il répond bien à la définition que l'article 1317 du Code civil donne de l'acte authentique, car les prud'hommes sont les officiers publics auxquels la loi a donné le droit de les rédiger. L'expression force d'obligation privée veut donc dire seulement qu'ils ne sont pas revêtus de la formule exécutoire et qu'ils n'emportent pas hypothèque judiciaire ou conventionnelle.

CHAPITRE II

Les règles contenues dans les articles 29 à 34 du décret du 11 juin 1809, relatives à la citation des parties, à leur comparution, à la police de l'audience que nous venons d'examiner à propos de la procédure devant le bureau de conciliation, sont également applicables devant le bureau de jugement. Nous nous bornerons donc à renvoyer pour ces matières à ce que nous avons dit au chapitre précédent.

Dans le projet de loi, la citation par huissier a été remplacée par une lettre recommandée envoyée par le secrétaire au défendeur. Cette lettre est accompagnée d'un talon sur loquel le porteur doit écrire le jour et l'heure de la remise ainsi que le nom de la personne entre les mains de laquelle il a laissé la lettre. Ce talon doit être renvoyé au secrétaire du conseil par le receveur des postes, dès la rentrée du facteur (art. 28).

Le mineur doit, devant le bureau de jugement comme devant le bureau de conciliation, être représenté par son tuteur, c'est à ce dernier que la citation doit être adressée si le mineur est défendeur, et c'est à sa requête qu'elle doit être envoyée si le mineur est demandeur. Le projet de loi a admis une exception à cette règle lorsque les mineurs ne peuvent être assistés de leur tuteur. En pareil cas le projet de loi voté à la Chambre décidait que le conseil nommerait dans son sein un tuteur *ad hoc*. Mais au Sénat M. Demôle signala dans son rapport les nombreux inconvénients de cette solution (Sénat, *in extenso*, 94), et on la remplaça par une autre consistant dans la faculté laissée au conseil, d'apprécier les raisons pour lesquelles le mineur n'est pas représenté par son tuteur ou assisté par lui, et de l'autoriser à concilier, demander ou défendre devant lui (art. 34).

La femme mariée ne pouvant ester en justice que si elle y est autorisée par son mari (art. 215, C. civ.), doit obtenir cette autorisation pour plaider devant le bureau général. Mais si le mari refuse de la lui donner ou s'il est interdit, mineur ou absent, elle peut obtenir une autorisation de justice. Le tribunal compétent pour autoriser ainsi la femme non autorisée par son mari varie suivant qu'elle est demanderesse ou défenderesse, distinction généralement admise et qui s'appuie sur le discours de Berlier dans son rapport sur le titre VII du Livre I de la IIe partie du Code de procédure civile. Quand la femme est défenderesse, le tribunal qui doit autoriser la femme est celui qui est saisi de la contestation, ainsi que le décide un arrêt de cassation du 17 août 1813, par conséquent le conseil de prud'hommes. Au contraire la femme est-elle demanderesse ? Elle doit demander cette autorisation au tribunal civil du domicile de son mari, conformément aux articles 861 et suivants du Code de procédure civile. Cette distinction entre la femme demanderesse et la femme défenderesse a disparu dans le projet de loi, dans l'un comme dans l'autre cas le conseil des prud'hommes y peut autoriser la femme à ester en justice au cas d'absence, d'empêchement ou de refus du mari.

Le conseil des prud'hommes rend son jugement après avoir entendu les dires des parties, leur avoir posé les questions qu'il juge à propos de leur poser et après avoir pris les autres mesures d'instruction que nous étudierons dans le chapitre suivant; enfin après avoir entendu les plaidoiries des avocats que les parties auront chargés de présenter leur défense. Si l'une des parties ne se présente pas devant le bureau général, le jugement est par défaut. Mais lorsque les prud'hommes rendent un jugement par défaut, conformément à l'article 151 du Code de procédure, ils ne doivent pas se borner à adjuger au demandeur les conclusions qu'il a prises contre le défendeur, il doit les examiner et ne condamner ce dernier que si elles lui paraissent justes, sinon il doit les rejeter. Si maintenant nous supposons qu'il y a plusieurs défendeurs et que l'un fasse défaut tandis que l'autre comparaît, le bureau général, par application de l'article 153 du Code de procédure, doit rendre un jugement de défaut profit-joint, c'est-à-dire ne pas statuer sur la contestation pas plus vis-à-vis du défendeur comparant que vis-à-vis du défendeur défaillant et ordonner la réassignation des deux à comparaître devant lui un autre jour. A la suite de cette réassignation, le bureau général rendra un jugement non susceptible d'opposition alors même qu'il y aurait encore des défaillants et quels fussent-ils.

Une fois le jugement rendu, le président et le secrétaire doivent en signer la minute (art. 12 de la loi du 1er juin 1853). Autrefois elle devait également être signée par tous les autres prud'hommes présents à l'audience (art. 40 du décret du 11 juin 1809) mais maintenant on se contente d'indiquer leurs noms en marge, comme le prescrit l'article 138 du Code de procédure pour les tribunaux civils.

La partie qui veut faire exécuter le jugement, doit le faire signifier par l'huissier attaché au conseil. L'exécution peut avoir lieu vingt-quatre heures après, sauf l'appel ou l'opposition de la partie condamnée contradictoirement ou par défaut; encore l'exercice de ces voies de recours ne la suspendent-elles pas, lorsqu'elle a été ordonnée provisoirement nonobstant appel ou nonobstant opposition. Aux termes de l'article 14 de la loi du 1er juin 1853, cette exécution provisoire est ordonnée jusqu'à concurrence de deux cents francs sans exiger de caution de celui qui veut poursuivre l'exécution du jugement, mais à charge par lui de fournir caution si elle est ordonnée pour une somme plus forte. L'exécution provisoire est au surplus facultative pour le conseil, qui peut, à son gré, l'accorder ou la refuser, mais il n'en est pas de même dans le nouveau projet de loi où, par suite du renvoi que l'article 40 fait aux articles 11 et 12 de la loi du

25 mai 1838, elle est obligatoire pour lui lorsqu'il y a titre authentique, promesse reconnue ou condamnation précédente dont il n'y a point eu appel.

Lorsque l'exécution provisoire est ordonnée à charge de fournir caution, la solvabilité de la caution présentée ne doit pas s'apprécier uniquement d'après ses propriétés foncières, il suffit comme en matière commerciale qu'elle soit considérée comme solvable. En outre M. Mollot pense qu'il ne faut pas observer pour sa présentation les formalités prescrites par l'article 440 du Code de procédure à cause des frais qu'elles entraîneraient. Il suffit que la caution soit produite au secrétariat du conseil, si alors sa solvabilité est contestée, celui qui l'a présentée citera le contestant devant le bureau de jugement qui acceptera ou rejettera la caution.

Dernière remarque enfin sur l'exécution des jugements des conseils de prud'hommes. Comme ils appartiennent à la catégorie des tribunaux d'exceptions, ils ne doivent pas connaître des contestations relatives à cette exécution, excepté lorsqu'il s'agit non pas d'un jugement définitif, mais d'un jugement préparatoire ou interlocutoire, ou lorsqu'il s'agit seulement de l'interprétation du jugement.

CHAPITRE III

La procédure devant les prud'hommes, telle que
nous venons de l'examiner, est la procédure dégagée
de tout incident qui vienne la compliquer, c'est la
procédure réduite à ses formes les plus simples. Mais
en pratique il en sera rarement ainsi, des incidents
viendront souvent entraver la marche de la procédure, par exemple des exceptions pourront être sou-
levées par les parties, une remise de cause, une expertise, une enquête pourront être ordonnées par le
conseil. Nous allons passer en revue les incidents
qui peuvent ainsi compliquer la procédure suivie devant les prud'hommes et nous terminerons ce chapitre par l'analyse des articles 45 à 47 du décret du
11 juin 1809 qui ont établi certaines règles particu-
lières pour les jugements avant faire droit rendus par
les prud'hommes, jugements qui sont justement relatifs à des incidents.

Des exceptions. — Les parties peuvent proposer
devant les prud'hommes toutes les exceptions qui
peuvent être proposées devant les tribunaux civils et
de commerce, et entre autres les exceptions d'incompétence, de nullité de la citation et de garantie. Pour
les deux dernières, nous nous contenterons de faire

les remarques suivantes. Conformément à l'article 173
du Code de procédure, l'exception de nullité de la
citation doit être proposée immédiatement après celle
d'incompétence relative. Celle de garantie doit l'être
avant toute défense au fond (art. 186, C. pr.) et n'est
possible devant les prud'hommes que si la personne
appelée en garantie est justiciable de cette juridiction.
Nous consacrerons au contraire de plus longs déve-
loppements à l'exception d'incompétence.

Comme devant les autres tribunaux, deux sortes
d'exception d'incompétence peuvent être proposées
devant les prud'hommes : l'exception d'incompétence
relative, lorsqu'on prétend que le conseil est incompétent *ratione personœ* pour connaître de l'affaire, c'est-
à-dire lorsqu'il n'est pas celui de la fabrique à laquelle appartiennent les deux parties, et l'exception
d'incompétence absolue lorsqu'on prétend que le tribunal est incompétent *ratione materiœ*, par exemple
lorsqu'on soutient que les deux parties n'appartiennent pas toutes deux aux professions énumérées dans
l'article 10 du décret du 11 juin 1809 ou encore que
l'industrie à laquelle appartiennent les deux parties
n'est pas dénommée dans le décret d'institution du
conseil. L'exception d'incompétence relative doit être
opposée avant toute autre exception, l'exception d'incompétence absolue, au contraire, peut être déclarée
d'office par le tribunal et proposée par les parties en
tout état de cause. Cette dernière exception peut donc
sans aucun doute être opposée pour la première fois
devant le bureau général, mais il existe une contro-

verse sur le point de savoir s'il doit en être de même de celle d'incompétence relative. MM. Ruben de Couder et Sarrazin pensent que celle-ci doit être proposée devant le bureau de conciliation pour pouvoir l'être ensuite devant le bureau général. D'autre part, MM. Lyon-Caen et Renault ne sont pas de cet avis ; le bureau de conciliation, disent-ils, n'est pas un tribunal proprement dit, sa mission n'est pas de juger le procès, mais de l'empêcher de naître, en conséquence, ce procès n'est pas plus engagé que lorsqu'une affaire civile a été portée devant le juge de paix comme conciliateur. Cette raison me paraît décisive. D'ailleurs, quand l'exception d'incompétence est proposée devant le bureau de conciliation, celui-ci n'a pas le droit de statuer sur son admission, il doit aussitôt renvoyer l'affaire devant le bureau général.

Ce que nous venons de dire nous montre combien il est important de savoir quelle est la nature de l'incompétence opposée par une partie. Aussi nous demanderons-nous si l'incompétence opposée par un plaideur devant un tribunal civil saisi d'une affaire de la compétence d'un conseil de prud'hommes est une incompétence absolue ou relative. MM. Sarrazin, Lyon-Caen et Renault pensent que le tribunal civil est incompétent seulement *ratione personæ* pour connaître des contestations de la compétence des conseils de prud'hommes. Ils disent que la question est la même que celle de l'incompétence des tribunaux civils vis-à-vis des tribunaux de commerce. C'est là une erreur, attendu que si les tribunaux de commerce

occupent le même degré dans la hiérarchie judiciaire
que les tribunaux civils, il n'en est pas de même des
conseils de prud'hommes qui, comme les juges de
paix, occupent un degré inférieur. La question de la
nature de l'incompétence des tribunaux civils vis-à-
vis des conseils de prud'hommes se rapproche donc
davantage de celle de l'incompétence des tribunaux
civils vis-à-vis des juges de paix. Pour résoudre cette
question, nous distinguerons trois hypothèses : 1° la
demande est inférieure à 200 francs de capital ; 2° elle
est supérieure à ce chiffre mais inférieure à 1500 fr.
de principal ; 3° elle est supérieure à ce dernier chiffre.

Lorsqu'un tribunal est saisi d'une demande de la
compétence des prud'hommes inférieure à 200 francs
de capital, son incompétence est absolue, car, lorsqu'une affaire de la compétence d'un tribunal est portée devant un autre qui occupe dans la hiérarchie
judiciaire un degré supérieur, il y a violation des
règles qui déterminent la hiérarchie judiciaire, règles
de compétence absolue et qui touchent à l'ordre public. A un autre point de vue, l'ordre public est inté-
ressé à ce que les affaires de la compétence des prud'-
hommes dont l'intérêt ne dépasse pas 200 francs de
capital ne soient pas portées devant les tribunaux
civils, parce que la procédure qui sera suivie devant
ces tribunaux est beaucoup moins rapide et plus coû-
teuse que devant les prud'hommes.

Nous admettrons également l'incompétence absolue
du tribunal civil, si la demande est supérieure à 200 fr.
de capital et inférieure à 1500 francs de principal,

mais cette fois nous avons un argument de plus à
invoquer. En effet en pareil cas le tribunal civil statue
en dernier ressort, alors que le conseil de prud'hommes n'aurait pu statuer qu'en premier ressort seulement, de telle sorte qu'en saisissant le tribunal civil
le premier degré de juridiction se trouve supprimé.
Car, si l'article 27 du décret du 11 juin 1809 a donné
aux tribunaux de commerce le droit de connaître
en appel des jugements des conseils de prud'hommes, il a donné aussi ce droit aux tribunaux civils
lorsqu'il n'y aurait pas de tribunal de commerce dans
l'arrondissement. Le tribunal civil doit donc être
considéré comme étant dans ce cas-là un second degré de juridiction pour les affaires de la compétence
des prud'hommes. Or, s'il est permis aux parties de
renoncer au second degré de juridiction et de se contenter du premier, principe dont les articles 443, 7° et
1010 du Code de procédure, 639 du Code de commerce,
sont des applications, il ne leur est pas permis de renoncer à ce premier degré de juridiction pour se contenter du second. La renonciation au premier degré
de juridiction n'a pas seulement pour effet de supprimer un degré de juridiction comme l'a fait remarquer M. Glasson dans un article paru dans la *Revue
critique* de 1881 sur l'*incompétence absolue* (v. p. 407)
mais d'intervertir les degrés de juridiction, par conséquent de violer les règles qui déterminent la hiérarchie judiciaire. M. Glasson montre également dans
l'article précité, que l'article 464 du Code de procédure défendant de former en appel des demandes nou-

velles et à plus forte raison d'intenter des procès nouveaux, contredit la théorie qui admet que l'on peut supprimer le premier degré de juridiction. Cet article 464, vu sa forme impérative, contient une disposition d'ordre public, à laquelle les parties ne peuvent déroger. Il en est de même de l'article 473 qui n'accorde aux tribunaux de second degré le droit d'évocation que sous certaines conditions et ne permet pas aux parties de requérir la Cour de l'exercer.

Enfin, quand la demande est supérieure à 1500 francs de principal, cas qui se présente rarement, en saisissant le tribunal civil on ne supprime pas un degré de juridiction, mais on saisit un tribunal d'un degré supérieur à celui qui devait en connaître et l'on rentre dans la première hypothèse.

Remise de cause et mesures conservatoires. — Le bureau particulier comme le bureau général des prud'hommes peuvent ordonner une remise de cause dans l'espoir que les parties termineront leur affaire à l'amiable avant le jour auquel elle est renvoyée, ou pour un autre motif. L'un et l'autre bureau peuvent également ordonner des mesures propres à assurer la conservation des objets sur lesquels porte la contestation et à empêcher qu'ils soient enlevés ou dérobés (art. 8).

Renvoi pour inscription de faux ou vérification d'écriture. — Les conseils de prud'hommes, pas plus que les tribunaux de commerce et les juges de paix, n'ont le droit de connaître d'une demande en inscription de faux ou en vérification d'écriture. L'article 33 du décret du 11 juin 1809 décide que lorsqu'une partie déclarera vouloir s'inscrire en faux contre un acte authentique, déniera ou méconnaîtra l'écriture d'un acte sous seing privé, le bureau général parafera la pièce et renverra la cause devant les juges auxquels en appartient la connaissance. Le tribunal auquel appartient la connaissance de l'inscription de faux ou de la vérification d'écritures est la Cour d'assises lorsqu'il s'agit d'un faux criminel et le tribunal civil lorsqu'il s'agit d'un faux civil. Maintenant que sera-t-il renvoyé ? Est-ce la cause tout entière ou seulement l'incident relatif à l'inscription de faux ou à la vérification d'écriture ? La question se pose également pour les tribunaux de commerce et pour les juges de paix et on admet que les premiers renvoient seulement l'incident, tandis que les seconds renvoient la cause tout entière ; quelle est celle de ces deux solutions qu'il faut admettre pour les prud'hommes ? Si l'on s'en tenait au texte de l'article 37 du décret du 17 juin 1809 il faudrait décider que c'est celle admise pour les juges de paix. Mais si le texte de l'article 37 du décret du 11 juin 1809 est identique à celui de l'article 14 du Code de procédure, les raisons sont les mêmes pour les prud'hommes comme pour les tribunaux de commerce, de décider que le renvoi ne doit porter que sur l'incident. Pourquoi, en effet, le législateur a-t-il voulu que le renvoi ordonné par le tribunal de commerce ne porte que sur l'incident ? C'est parce que le tribunal civil est incompétent en première instance, comme en appel pour juger les affaires de la compétence du tribunal de commerce ; or il est tout aussi incompétent pour juger les causes de la compétence des conseils de prud'hommes. Il l'est même davantage, car nous avons vu que son incompétence pour juger les affaires dont la connaissance a été attribuée par la loi aux conseils de prud'hommes est absolue, tandis qu'elle n'est que relative pour juger celles attribuées au tribunal de commerce. Il est vrai que le tribunal civil est quelquefois appelé à connaître en appel des contestations entre patrons et ouvriers, mais ce n'est que lorsqu'il n'y a pas de tribunal de commerce dans l'arrondissement ou lorsqu'elles ont été portées en première instance devant le juge de paix. En conséquence, je crois que le renvoi ordonné par les prud'hommes ne doit porter que sur l'incident. Telle est également l'opinion de M. Ruben de Couder, n° 138 (*op. cit.*). Il faut décider également, conformément encore à l'article 427 du Code de procédure, que si la pièce arguée de faux n'est relative qu'à l'un des chefs de la demande, le bureau général peut passer outre au jugement des autres chefs.

Visite des lieux. — L'article 46 du décret du 11 juin 1809 donne aux prud'hommes le droit de se rendre, lorsqu'ils le jugent utile, dans les manufactures ou dans les ateliers, pour constater *de visu* l'exactitude des faits qui sont allégués devant eux. C'est le bureau général tout entier qui ordonne la visite des lieux, mais il peut charger un seul de ses membres de la faire. Lorsque les prud'hommes font ainsi une descente sur les lieux, ils doivent, dit l'article 46, être

accompagnés de leur secrétaire porteur de la minute
du jugement. C'est sans doute afin que les prud'hommes puissent rendre leur jugement aussitôt la visite
opérée et sur les lieux mêmes, droit que l'article 41
du Code pénal a également donné aux juges de paix.
Si telle est la raison de la présence du secrétaire,
celui-ci ne devra pas assister à la visite des lieux
lorsqu'elle sera faite par un seul prud'homme, car ce
dernier ne peut rendre à lui seul le jugement.

Expertise. — Bien que le décret de 1809 ne le
dise pas, il faut reconnaître aux prud'hommes le droit
d'ordonner une expertise s'ils le jugent nécessaire,
ce qui arrivera rarement, vu leurs connaissances spéciales pour juger les contestations qui leur sont soumises.

M. Mollot, à propos de cette expertise, et contrairement à l'article 305 du Code de procédure, émet l'opinion : 1° que la formalité de la prestation de serment
ne doit pas être exigée des experts lorsqu'il s'agira
d'une affaire d'un intérêt assez minime, à cause des
lenteurs et des frais qui en résulteraient ; 2° que si le
conseil juge à propos de l'exiger, elle aura lieu devant
le bureau général. Cela est contraire aux règles suivies devant les autres tribunaux et me semble un peu
arbitraire. Je croirais donc plutôt qu'il faut appliquer
à l'expertise ordonnée par les prud'hommes les règles contenues dans les articles 302 et suivants du
Code de procédure qui forment le droit commun en
matière d'expertise. Il est d'ailleurs évident qu'il faut
faire exception pour celles de ces règles qui sont

incompatibles avec les formes de la procédure suivie
devant les prud'hommes.

Des enquêtes. — Cette matière fait l'objet des articles 48 à 53 du décret du 11 juin 1809. « On entend
par enquête une procédure destinée à arriver à la
preuve ou à l'établissement d'un fait par l'audition
de témoins qui viennent déposer de sa vérité » (Boi-
tard, C. D. et Glasson, *Leçons de Procédure civile*,
I, p. 484). Pour qu'il y ait lieu à une enquête, il faut
un jugement du conseil des prud'hommes qui l'ordonne et qui détermine les faits sur lesquels elle doit
porter. Ces faits doivent être, dit l'article 48, de nature
à être constatés par témoins. Il en résulte qu'il y a des
faits qui ne peuvent pas être prouvés par témoins devant les prud'hommes.

Doit-on dire alors, comme en matière civile, que la
preuve testimoniale ne sera pas admise lorsqu'il s'a-
gira d'une demande supérieure à 150 francs, ou bien
faut il distinguer avec MM. Mollot et Sarrazin suivant
que la contestation est commerciale ou non ? Je crois
que l'on doit appliquer ici le droit commun en matière
de preuve par témoins, et distinguer suivant que le
fait à prouver est ou n'est pas un acte de commerce
vis-à-vis de celui contre qui on veut en faire la preuve.
Si ce fait est un acte de commerce, la preuve testimoniale est possible et avec elle, en vertu de l'article 1353
du Code civil, les présomptions de l'homme. Si au
contraire le fait n'est pas vis-à-vis de lui un acte de
commerce on ne pourra en faire la preuve par témoins que si son importance n'est pas supérieure à
150 francs.

Le décret du 11 juin 1809 n'ayant pas dit comment doivent être appelés les témoins, on doit décider que l'on suivra pour cela les mêmes formes que pour la citation des parties. Ils peuvent donc d'abord comparaître volontairement, s'ils ne le font pas, ils y seront invités par une lettre d'invitation du secrétaire, puis, s'ils ne se rendent pas à cette invitation, on les fera citer par exploit d'huissier. Cette citation reste-t-elle aussi sans effet? le conseil de prud'hommes ne peut prononcer contre les témoins les peines édictées par les articles 263 et 264 du Code de procédure, car les dispositions pénales ne sont pas susceptibles d'extension par analogie.

L'enquête ordonnée par les prud'hommes a lieu dans les mêmes formes que celles ordonnées par les juges de paix. Les articles 48 à 53 du décret du 11 juin 1809 sont la reproduction textuelle des articles 34 à 37, 39 et 40 du Code de procédure civile. Elle a lieu devant le bureau général tout entier, et non devant un juge-commissaire, comme devant les tribunaux de commerce, les juges de paix et même les tribunaux civils mais en matière sommaire seulement. Les témoins doivent faire les déclarations prescrites par l'article 49 et entre autres ils doivent prêter serment. L'accomplissement de cette dernière formalité doit être constaté dans le jugement à peine de nullité de celui-ci lorsque le conseil de prud'hommes a fondé sa décision sur les dépositions des témoins (Cass., 14 février 1883, D. 84. 1. 68). Les témoins doivent être entendus séparément, en la présence des parties ou

non, suivant ce que décidera le conseil. Les causes
de reproches que les parties prétendent exister contre
eux, doivent être proposées par elles avant qu'ils aient
commencé leur déposition. La déclaration qu'elles
font à cet égard doit être signée par elles et si elles ne
savent signer, il en sera fait mention. Mais dès qu'un
témoin a commencé sa déposition il n'est plus permis
de proposer de causes de reproches contre lui, même
en les justifiant par écrit, attendu que la disposition
de l'article 36 du Code de procédure qui admet dans
ce cas une exception à la règle, n'est pas reproduite
dans le décret de 1809. Les causes de reproches sont
celles énumérées dans l'article 283 du Code de procédure. Les témoins doivent déposer spontanément
et les parties ne doivent pas les interrompre. Quand
ils ont fini leur déposition, le président peut, soit
d'office, soit sur la réquisition des parties, leur poser
les questions qu'il juge convenable. Enfin il doit être
dressé procès-verbal par le secrétaire des dépositions
des témoins lorsque l'affaire est sujette à appel. Ce
procès-verbal doit constater en outre l'accomplissement des formalités prescrites par l'article 49 et les
reproches qui ont été proposés contre les témoins. Il
doit être lu à chaque témoin pour la partie qui le con-
cerne et on fera signer à celui-ci sa déposition ou
mention sera faite qu'il ne sait ou ne peut signer. Le
procès-verbal sera signé par le président et le secrétaire. Quand la cause ne sera pas sujette à l'appel,
l'accomplissement des formalités de l'article 49, les

reproches et le résultat des dépositions seront mentionnés dans le jugement.

Jugements avant faire droit. — On entend par jugements avant faire droit, ceux qui ne terminent pas le différend mais qui ont pour but d'ordonner certaines mesures destinées à mettre l'affaire en état d'être jugée, comme ceux qui ordonnent une expertise, une descente sur les lieux, une enquête, etc. Lorsque la mesure ordonnée fait prévoir la décision qui sera rendue sur le fond de l'affaire, le jugement est dit interlocutoire, dans le cas contraire il est dit préparatoire. L'article 45 du décret du 11 juin 1809, qui n'est autre chose que la reproduction littérale de l'article 28 du Code de procédure, décide que ces jugements ne doivent pas être signifiés quand ils ont été rendus contradictoirement et prononcés en présence des parties, et qu'ils ne doivent l'être que s'ils ont été rendus par défaut. En second lieu, l'article 45 dispose : que lorsque ces jugements ordonneront une opération à laquelle doivent assister les parties, ils indiqueront le jour, le lieu et l'heure ; et que la prononciation vaudra citation. Ces diverses dispositions ont pour but d'éviter des frais et des pertes de temps.

L'article 47 a été également copié sur l'article 31 du Code de procédure, mais il n'en reproduit que le premier alinéa relatif aux jugements préparatoires et d'après lequel l'appel de ces jugements n'est possible qu'après le jugement définitif et conjointement avec l'appel de ce jugement. Les 2ᵉ et 3ᵉ alinéas de l'article 31 du Code de procédure ne sont pas reproduits

par l'article 47 du décret du 11 juin 1809. Ils sont
relatifs aux jugements interlocutoires, et à l'inverse de
ce que dispose le 1er alinéa pour les autres jugements
avant faire droit, ils en permettent l'appel avant le
jugement définitif. M. Mollot conclut de ce silence de
l'article 47 relativement aux jugements interlocutoires, que ces derniers doivent être soumis pour
l'appel aux mêmes règles que les jugements préparatoires. Il me semble au contraire plus logique d'appliquer les règles du droit commun, en vertu desquelles
l'appel des jugements interlocutoires est possible
avant le jugement définitif (art. 31 et 451, C. pr.).

CHAPITRE IV

La récusation des prud'hommes a lieu pour les mêmes motifs et dans les mêmes formes que pour les juges de paix. Les articles 54 à 56 du décret du 11 juin qui y sont consacrés, sont la reproduction textuelle des articles 44 à 46 du Code de procédure. L'article 57 est au contraire rédigé un peu différemment que l'article 47 de ce Code. Il donne au tribunal de commerce, au lieu du tribunal civil, le droit de juger la demande en récusation lorsque le prud'homme récusé a refusé de s'abstenir ou n'a pas répondu dans le délai de deux jours à l'acte de récusation. En outre, l'expédition de l'acte de récusation et de la réponse du prud'homme s'il y en a, au lieu d'être envoyée par le secrétaire sur la réquisition de la partie la plus diligente au procureur de la République, l'est d'office par le président du conseil au président du tribunal de commerce.

Aux causes de récusation énumérées par l'article 54, le projet de loi en a ajouté une nouvelle, celle où un prud'homme serait patron ou ouvrier de l'une des parties, et a donné au tribunal civil le droit de juger la récusation. Enfin il a simplifié la procédure en décidant que la récusation au lieu d'être faite par exploit d'huissier, le serait simplement par une lettre motivée, signée et remise par la partie au secrétaire qui lui en donnera récépissé (art. 35).

TITRE II

VOIES DE RECOURS.

Il y a dans notre droit deux sortes de voies de recours, les voies de recours ordinaires et les voies de
recours extraordinaires. Les voies de recours ordinaires sont, comme l'on sait, l'opposition et l'appel ;
les voies de recours extraordinaires : la tierce opposition, la requête civile et le recours en cassation. Le
décret du 11 juin 1809 ne parle que des voies de re
cours ordinaires, il ne dit rien des voies de recours
extraordinaires, mais, comme elles sont possibles
en principe contre les jugements de tous les tribunaux de l'ordre judiciaire à l'exception toutefois de
la requête civile, nous ne devons pas hésiter à les
déclarer possibles contre les jugements des conseils
des prud'hommes.

§ 1. — De l'opposition.

Cette voie de recours est ouverte à toute partie contre laquelle il a été rendu un jugement par défaut à
moins que ce jugement n'ait été rendu à la suite d'une
première opposition (162, C.pr.). L'opposition se forme
par un exploit d'huissier notifié à la personne ou au
domicile de celui qui a obtenu le jugement par défaut.
Cet exploit doit contenir : 1° l'indication sommaire
des moyens de la partie ; 2° assignation à comparaître

pour le premier jour de séance du conseil (à la condition toutefois d'observer les délais prescrits pour les
citations et si cela n'était pas possible en assignant
pour le premier jour de séance du conseil, l'assignation serait faite pour le jour de séance suivant) ;
3° fixation d'une heure déterminée pour la comparution.

L'opposition doit être formée dans le délai de trois
jours à partir de la signification du jugement par défaut, délai qui est le même que celui donné à la partie
défaillante, par l'article 20 du Code de procédure civile,
pour former opposition à un jugement par défaut du
juge de paix. On doit donc décider, comme pour les
juges de paix, que l'article 158 du Code de procédure
civile permettant de former opposition jusqu'à l'exécution du jugement n'est pas applicable aux jugements par défaut rendus par les conseils de prud'hommes. La disposition qui fixe ce délai n'est pas plus
rigoureuse dans un cas que dans l'autre, car l'article 43 du décret reproduit textuellement l'article 21
du Code de procédure civile et décide comme lui que
ce délai pourra être prorogé par le conseil de prud'hommes lorsqu'il saura d'une façon quelconque que le
défaillant n'a pas été instruit de la contestation, pro-
rogation qu'il peut accorder soit d'office, soit sur la
demande d'un parent ou d'un ami du défaillant. L'article 43 décide en outre, que si le délai n'a pas été
prorogé, celui qui a été condamné par défaut pourra
être admis à former opposition après l'expiration du
délai de trois jours, s'il justifie qu'il n'a pu le faire

dans les délais parce qu'il était absent ou atteint d'une maladie grave.

§ 2. — De l'appel.

Toutes les fois qu'une demande soumise à la juridiction des prud'hommes est supérieure à 200 francs. le jugement qui intervient peut être attaqué par la voie de l'appel. Il en est de même lorsque la demande est indéterminée et lorsqu'il est formé en même temps devant le conseil de prud'hommes plusieurs demandes qui, prises séparément, sont inférieures à 200 francs mais qui réunies ensemble forment un total supérieur à ce chiffre. Les intérêts et autres accessoires qui peuvent être dus au jour de la demande ne doivent d'ailleurs pas entrer en ligne de compte.

L'appel est possible dans le cas que nous venons d'énumérer, alors même que le jugement intervenu aurait été à tort qualifié en dernier ressort par le conseil (art. 453, C. pr.). Enfin, en vertu de l'article 454 du Code de procédure qui doit être appliqué ici, on peut interjeter appel d'un jugement rendu sur une demande inférieure à 200 francs lorsque l'on se fonde pour l'attaquer sur l'incompétence du conseil de prud'hommes.

Le délai pour interjeter appel est fixé à trois mois par l'article 38 du décret du 11 juin 1809. Tel était également le délai que le Code de procédure et le Code de commerce donnaient pour interjeter appel des jugements rendus en premier ressort par les autres tribunaux, mais il a été réduit à 30 jours par l'article 13 de la loi du 25 mai 1838 pour les jugements en premier ressort des juges de paix, et à deux mois par la loi du 3 mai 1862 pour ceux des tribunaux civils et de commerce. Mais le délai pour interjeter appel des jugements des conseils de prud'hommes est encore de trois mois, car ni la loi du 25 mai 1838, ni celle du 3 mai 1862, ni aucune autre ne l'ont modifié. Conformément au droit commun ce délai ne court pour les jugements contradictoires que du jour de la signification du jugement et pour les jugements par défaut du jour où l'opposition n'est plus recevable.

L'appel des jugements contradictoires des conseils de prud'hommes, comme celui des jugements des tribunaux de commerce (art. 645, C. com.), peut être interjeté dès le jour même où ils ont été rendus. Il en est différemment pour l'appel des jugements des tribunaux civils et des juges de paix, qui ne peut être interjeté que huit jours pour les premiers et trois jours pour les seconds après qu'ils ont été rendus (art. 449, C. pr. et 13 de la loi du 25 mai 1838). Il en est également autrement, même pour les jugements des conseils de prud'hommes. lorsqu'au lieu d'avoir été rendus contradictoirement, ils l'ont été par défaut; dans ce cas, en vertu du principe établi par l'article 455 du Code de procédure, principe général, applicable aussi bien à l'appel des jugements des conseils de prud'hommes qu'à celui des tribunaux civils, l'appel ne peut être interjeté que lorsque les délais pour former opposition sont expirés. Cette opinion a été admise par le tribunal de commerce de la

Seine dans un jugement du 24 juin 1890 (*Journal des prud'hommes*, 90, 290) qui a décidé également que l'appelant qui interjette appel avant l'expiration des délais d'opposition ne pourrait rendre sa procédure valable en déclarant dans l'acte d'appel qu'il renonce au bénéfice de l'opposition.

Le tribunal compétent pour connaître de l'appel est le tribunal de commerce de l'arrondissement dans lequel se trouve le conseil de prud'hommes qui a rendu le jugement attaqué. A défaut de tribunal de commerce, c'est le tribunal civil qui en connaîtra (art. 27 du décret du 11 juin 1809). La décision qui sera rendue en appel soit par l'un, soit par l'autre, sera en dernier ressort, alors même qu'il s'agirait d'une demande supérieure à 1500 francs de principal, cas dans lequel ils ne statuent ordinairement qu'en premier ressort seulement, car c'est un principe fondamental de notre organisation judiciaire qu'une même affaire ne doit pas passer par plus de deux degrés de juridiction.

Comme nous l'avons déjà dit, le projet de loi a substitué le tribunal civil au tribunal de commerce comme juge d'appel des sentences des conseils de prud'hommes, mais en déclarant que l'appel sera instruit et jugé comme en matière commerciale (art. 31).

§ 3. — De la tierce opposition.

Cette voie de recours, établie par l'article 474 du Code de procédure, est accordée à toute personne qui veut attaquer un jugement rendu à la suite d'une

instance à laquelle elle n'a pas figuré ni été représen-
tée. Elle tire sa raison d'être du principe général formulé par l'article 1351 du Code civil, en vertu duquel
l'autorité de la chose jugée n'a lieu qu'entre les parties entre lesquelles le jugement est intervenu, lequel
ne fait lui-même que reproduire l'ancienne règle *Res
inter alios judicata, aliis neque nocere, neque pro-
desse potest*. Cette voie de recours est donc possible
contre les jugements rendus par les prud'hommes.

§ 4. — De la requête civile.

Nous avons déjà dit que cette voie de recours n'est
pas permise contre les jugements des conseils de
prud'hommes. En effet, l'article 480 du Code de procédure ne la permet que contre les jugements des tribunaux de première instance et les arrêts des cours
d'appel. Or les conseils de prud'hommes ne sont pas
des tribunaux de première instance : si on peut à la
rigueur considérer comme tels les tribunaux de commerce, qui occupent dans la hiérarchie judiciaire le
même degré que les tribunaux de première instance
proprement dits, il n'en est pas de même des conseils
de prud'hommes, qui y occupent un degré inférieur
comme les juges de paix. De plus, comme le font remarquer MM. Lyon-Caen et Renault, l'article 480 ne
permet d'attaquer par la voie de la requête civile que
les jugements rendus en dernier ressort, or l'on sait
que les jugements de cette sorte rendus par les conseils de prud'hommes ne sont relatifs qu'à des demandes ne dépassant pas 200 francs, c'est-à-dire à des

demandes de peu d'importance, de telle sorte que les frais occasionnés par l'exercice de la requête civile auraient souvent été supérieurs au montant de la condamnation prononcée par le jugement attaqué. Elle ne serait donc pas ici d'une grande utilité.

§ 5. — Recours en cassation.

L'article 2 de la loi des 27 novembre-1er décembre 1790 ayant donné à la Cour de cassation le droit « de prononcer sur toutes les demandes en cassation contre les jugements rendus en dernier ressort », l'exercice de cette voie de recours est possible contre les jugements de cette sorte des conseils de prud'hommes. La seule conséquence que l'on puisse tirer du silence des textes spéciaux à cette juridiction, c'est que l'on devra appliquer aux pourvois contre ces jugements les règles du droit commun en matière de pourvoi en cassation. Les ouvertures à cassation seront donc non seulement l'excès de pouvoir, qui est la seule possible contre les jugements des juges de paix, mais aussi la violation de la loi, l'inobservation des formes prescrites à peine de nullité et la contrariété de jugement. Voir en ce sens deux arrêts de cassation du 22 décembre 1852, D. 53. 1. 95 et l'autre du 14 février 1883, D. 84. 1. 68, lesquels ont cassé deux jugements des conseils de prud'hommes pour violation de la loi.

Dans le nouveau projet de loi, l'article 32 permet le pourvoi en cassation pour excès de pouvoir et pour violation de la loi, c'est-à-dire pour les mêmes moyens que maintenant, car tous les moyens de cassation rentrent dans celui de violation de la loi. Mais cet article a organisé une procédure différente de celle ordinairement suivie devant la Cour de cassation. Il décide notamment que le pourvoi doit être formé dans les trois jours à dater de la signification du jugement, qu'il sera porté directement devant la chambre civile et que le ministère d'avocat ne sera pas obligatoire. Il déclare que les pourvois contre les jugements rendus par les tribunaux civils comme tribunaux d'appel des prud'hommes seront soumis aux mêmes règles, sauf qu'il y a contre ces jugements une ouverture de plus à cassation, l'incompétence, qui n'en est pas une contre les jugements rendus par les prud'hommes mais une cause d'appel.

APPENDICE

PRUD'HOMMES PÊCHEURS DE LA MÉDITERRANÉE.

Il existe en France une autre juridiction que celle
dont nous venons de nous occuper, dont les juges sont
également appelés prud'hommes. Cette juridiction,
qui par certains côtés ressemble à celle des conseils
de prud'hommes, mais qui par d'autres en diffère, est
celle des prud'hommes pêcheurs de la Méditerranée (1). Tant à cause des ressemblances qui existent entre elle et celle que nous avons étudiée jusqu'à présent, qu'à cause des différences qui l'en
séparent, il est bon de lui consacrer ici quelques dé-
veloppements.

Cette institution est beaucoup plus ancienne que
celle des conseils de prud'hommes. Des lettres patentes du roi René d'Anjou, comte de Provence, nous
permettent d'affirmer qu'elle existait à Marseille en
1452 et l'on croit même qu'elle est encore plus ancienne. Deux avocats, Pascalis et Portalis, dans une
consultation du 18 avril 1787 imprimée à Marseille,
la font remonter jusqu'au Xe siècle. Ils citent même

(1) Il y a bien aussi des prud'hommes pêcheurs sur les côtes de la
Mer du Nord, de la Manche et de l'Océan, mais qui n'ont que des attributions d'officiers de police judiciaire, ils n'ont donc que le nom
de commun avec ceux que nous allons étudier.

un règlement sur la pêche du 14 octobre 1431 que
nous n'avons plus et qui aurait autorisé les pêcheurs
de Marseille à nommer quatre prud'hommes pour
veiller à l'exécution des lois et juger les contestations qui s'élèveraient entre eux ; René d'Anjou dans
ses lettres patentes de 1452 n'aurait fait d'après eux
que confirmer ce règlement.

Antérieure ou non à 1452, l'institution des prud'hommes pêcheurs n'a pas cessé d'exister depuis cette
époque. Nous la voyons en effet confirmée dans des
lettres patentes des rois de France de 1481, 1536, 1557,
1564, 1622, 1629, 1647, 1660, 1723, 1786, ainsi que
dans des arrêts du conseil du roi des 6 mars 1728,
25 février 1736, 16 mai 1738, 11 février 1755, 29 mars
et 9 novembre 1776, 4 octobre 1778 et 20 mars 1786,
rendus pour la plupart à la suite d'empiétements
commis sur cette juridiction par celle de l'amirauté
de Marseille (1). Elle survécut à la Révolution et alors

(1) L'arrêt du 16 mai 1738 dont les dispositions ont été reproduites
presque littéralement dans les arrêts postérieurs, nous montre ce
qu'était à cette époque la juridiction des prud'hommes pêcheurs. En
voici la teneur : « Le roi étant en son conseil, sans avoir égard à la
sentence de l'amirauté de Marseille du 9 décembre 1735, que sa ma-
jesté a cassée, révoquée, et annulée, et à tout ce qui s'en est en-
suivi, a maintenu et confirmé les prud'hommes élus en la manière
accoutumée des patrons pêcheurs de Marseille et ce, suivant et conformément à leurs titres, dans le droit de connaître seuls, dans l'é-
tendue des mers de Marseille, de la police de la pêche, et de juger
souverainement, sans forme ni figure de procès et sans écritures, ni
appeler avocats ou procureurs, les contraventions à ladite police, par
quelques pêcheurs soit français et étrangers, fréquentant lesdites
mers, qu'elles soient commises, et tous les différends qui peuvent
naître à l'occasion de ladite profession. »

que l'Assemblée constituante supprimait toutes les autres juridictions de l'ancien régime et notamment celle des amirautés (loi des 16-24 août 1790) elle maintint et réglementa celle des prud'hommes pêcheurs dans la loi des 8-12 décembre 1790. L'article 9 de cette loi décidait même « que la juridiction des prud'hommes qui avait été supprimée dans la ville de Cassis y serait rétablie et qu'il serait accordé sur les côtes de la Méditerranée de pareils établissements à tous les ports qui en feraient présenter la demande par les municipalités et corps administratifs des lieux ». De nombreux décrets vinrent faire l'application de cette disposition en confirmant les prud'homies existantes et en en créant de nouvelles.

En 1847 un projet de loi fut déposé par le gouvernement pour consacrer à nouveau cette juridiction avec son organisation, ses attributions et ses formes de procéder séculaires. Ce projet n'aboutit pas. Enfin un décret du 19 novembre 1859 est venu la réglementer à nouveau. C'est d'après lui que nous allons décrire l'organisation des prud'hommes pêcheurs, leurs attributions et les formes de procéder devant eux.

Chaque prud'homie comprend actuellement 3 ou 5 prud'hommes titulaires, un ou deux suppléants, un ou plusieurs gardes de la communauté, et enfin un secrétaire archiviste et un trésorier. Tous sont nommés à l'élection. Le droit de décider si, en considération de l'importance de la juridiction, on nommera 3 ou 5 prud'hommes titulaires appartient au préfet maritime. Cette décision influe sur le nombre des suppléants qui sera de deux s'il y a cinq titulaires, alors que l'on ne devra en nommer qu'un s'il n'y a que trois titulaires. Avant 1859, le nombre des prud'hommes était ordinairement de 4, il y avait en outre un garde de la communauté, mais pas de secrétaire archiviste ni de trésorier. Les fonctions du secrétaire archiviste institué par le décret de 1859, sont celles d'un greffier.

Pour pouvoir prendre part aux élections des prud'hommes pêcheurs en qualité d'électeur, il faut: 1° être patron pêcheur d'un rôle d'équipage ; 2° avoir exercé la profession de pêcheur depuis plus d'un an dans la circonscription de la juridiction ; 3° avoir accompli une période quelconque de service sur les bâtiments de la flotte ou en avoir été dispensé pour cause d'infirmité ; 4° en faire la demande ; 5° produire à l'appui de cette demande une pièce émanée de l'autorité maritime attestant qu'on réunit toutes ces conditions.

La liste de ceux qui, réunissant ces conditions, ont été admis à faire partie de la communauté, est constamment affichée dans la salle des délibérations. Ceux qui veulent faire rayer de cette liste le nom d'un de ceux qui y figurent, doivent fournir à l'appui de leur demande une pièce émanée de l'autorité maritime qui énonce les motifs de cette radiation.

Sont seuls éligibles en qualité de prud'hommes, les patrons pêcheurs membres de la communauté qui sont âgés de 40 ans, exercent leur profession depuis 10 ans dans la circonscription, ont servi pendant 3 ans dans la flotte ou en ont été dispensés pour infirmités, possèdent la qualité de français et ne sont dans aucun des cas d'incapacité ou d'inéligibilité prévus par l'article 8 du décret.

Les prud'hommes sont élus pour un an. L'élection a lieu le premier dimanche de la seconde quinzaine de décembre ou le lendemain de Noël. L'assemblée des membres de la communauté est présidée par le commissaire de l'inscription maritime ou l'un des fonctionnaires du commissariat ayant rang d'officier. Le président est assisté des prud'hommes en exercice et du secrétaire archiviste. Ce dernier appelle successivement tous les membres de la communauté qui émettent leur vote à haute voix et qui ne doivent voter que pour un seul prud'homme. Une fois le premier prud'homme élu on procède à l'élection d'un second et ainsi de suite. Le premier élu sera le président des prud'hommes pêcheurs. Il doit être choisi parmi les anciens prud'hommes. L'élection se fait à la majorité absolue au premier tour, mais au second la majorité relative suffit pour être élu. Toutefois ceux qui ont déjà exercé les fonctions de prud'hommes ne peuvent être réélus qu'à la majorité absolue des voix. Au cas où deux candidats obtiendraient le même nombre de voix, c'est le plus âgé qui sera proclamé élu.

Le secrétaire archiviste doit dresser un procès-verbal de toutes les opérations électorales, et il doit en remettre un extrait à chaque prud'homme élu.

Si des réclamations sont formulées contre la manière dont les élections ont été faites, elles doivent être portées devant le ministre de la marine car le

décret décide que les prud'hommes ne relèvent que
de lui, et, tant d'après sa lettre que d'après son esprit,
il exclut l'immixtion dans leur organisation de toute
autorité administrative dépendant d'un autre département ministériel que le sien.

Les prud'hommes nouvellement élus entrent en
fonctions le 1ᵉʳ janvier, après avoir au préalable prêté
deux serments, un devant le commissaire de l'inscription maritime ainsi conçu : « Je jure de remplir
avec conscience et loyauté les fonctions de prud'-
homme pêcheur. » L'autre devant le tribunal civil
de l'arrondissement dans lequel ils sont domiciliés et
dont la formule est la suivante : « Je jure de remplir
avec fidélité les fonctions de prud'homme pêcheur,
de faire exécuter ponctuellement les règlements relatifs à la pêche côtière, de me conformer aux ordres
qui me seront donnés par mes supérieurs et de signaler les contraventions aux règlements sans haine
ni manquements pour les contrevenants. » Les supérieurs auxquels il est ici fait allusion sont les commissaires et administrateurs de l'inscription maritime, les inspecteurs des pêches et les syndics des
gens de mer ; les prud'hommes sont leurs subordon-
nés en qualité d'agents chargés de rechercher, constater et signaler les contraventions aux règlements sur
la pêche côtière.

Le secrétaire archiviste, le trésorier et le garde de
la communauté sont élus de la même façon que les
prud'hommes, mais à la majorité absolue seulement,
et à la différence de ceux-ci la durée de leurs fonctions

est indéterminée. Le décret n'exige d'eux aucune condition d'âge ni de capacité et décide même qu'ils peuvent être choisis en dehors des membres de la communauté.

Si un prud'homme ne remplit pas bien sa mission il peut être révoqué par le préfet maritime. Le secrétaire archiviste et le trésorier peuvent l'être de la même façon et en outre par un vote de l'assemblée des membres de la communauté. Le garde peut être renvoyé par une simple décision du président. Enfin la dissolution de la prud'homie peut être prononcée, mais le droit n'en appartient qu'au ministre de la marine.

Si nous passons maintenant à l'étude des attributions des prud'hommes nous voyons qu'elles sont de trois espèces différentes. Ils ont en premier lieu des attributions judiciaires, 2º ils ont des attributions administratives, 3º ils sont officiers de police judiciaire.

1º *Attributions judiciaires.* — Elles sont de deux sortes, car les prud'hommes sont à la fois juges civils et juges de répression. Comme juges civils ils connaissent seuls et exclusivement, dit l'article 17 : 1º de tous les différends et contestations entre pêcheurs survenus à l'occasion de faits de pêche, manœuvres et dispositions qui s'y rattachent, dans l'étendue de leur juridiction, alors même que l'une des parties ou même toutes les deux seraient de nationalité étrangère. Les pêcheurs étrangers qui viennent exercer leur profession dans la circonscription d'une juridiction de prud'hommes pêcheurs en sont en effet déclarés justiciables par le décret, mais ils n'en sont plus comme autrefois électeurs et éligibles. Les jugements rendus par les prud'hommes sur les contestations indiquées ci-dessus le sont « sans appel, revision ou cassation » dit l'article 171 (1). Ces mots excluent toute espèce de voies de recours contre ces jugements même le pourvoi en cassation pour excès de pouvoir, c'est là un privilège qui n'appartient à aucune autre juridiction.

Comme juges de police les prud'hommes pêcheurs peuvent prononcer une amende de 1 à 40 francs dans certains cas énumérés par l'article 47, notamment pour infraction à la police de l'audience, port d'armes ou de bâtons dans la salle de la prud'homie, refus de témoignages, d'explications ou d'arbitrages réclamés par le tribunal, inobservation des règlements pour le partage de la mer etc.. Au cas où ces faits sont particulièrement graves, le commissaire maritime, auquel avis de la condamnation doit être donné par le secrétaire dans les vingt-quatre heures,

(1) La juridiction qui appartient ainsi en matière de police aux prud'hommes pêcheurs doit être considérée comme purement disciplinaire. La question fait encore moins de doute pour eux que pour les conseils de prud'hommes, car ces derniers peuvent comme juges de police condamner à l'emprisonnement, tandis que les prud'hommes pêcheurs ne peuvent condamner qu'à l'amende, or si la première peine peut paraître comme un peu trop rigoureuse pour être considérée comme purement disciplinaire, il n'en est pas de même de l'amende qui est la peine disciplinaire par excellence et aussi une des moins graves. En conséquence, le ministère public peut poursuivre pour le même fait une personne déjà condamnée par eux, sans violer la règle *non bis in idem*, ainsi que l'a jugé la Cour de cassation dans un arrêt du 9 avril 1836, D.36.1.243.

peut ajouter à l'amende prononcée l'exclusion soit temporaire soit définitive de la communauté.

La juridiction qui appartient ainsi en matière de police aux prud'hommes pêcheurs doit être considérée comme purement disciplinaire, ces attributions des prud'hommes comme juges de police remontent à l'arrêt du conseil du roi du 4 octobre 1778, en vertu duquel, ceux qui se refusaient à exercer leurs jugements, causaient du tumulte dans la salle ou manquaient à l'obéissance due aux prud'hommes, pouvaient se voir condamner à une amende de six livres, et ceux qui se présentaient dans la salle avec des armes offensives ou défensives, à la peine de l'emprisonnement.

2° *Attributions administratives.* — De même que leurs attributions judiciaires, les attributions administratives des prud'hommes sont de deux sortes : 1° ils ont un pouvoir réglementaire ; 2° ils sont administrateurs des biens de la communauté des patrons pêcheurs. Les attributions de la première catégorie en font des agents du pouvoir central, celles de la seconde des représentants de la personnalité civile de la communauté (1).

Le pouvoir réglementaire des prud'hommes pêcheurs consiste à prendre, sous l'autorité du commissaire de l'inscription maritime, toutes les mesures d'ordre et de précaution destinées à empêcher « les

(1) Les patrons pêcheurs sont, en effet, encore à l'heure actuelle organisés en corporations qui, comme les corporations d'autrefois, sont des personnes morales et ont leur juridiction propre.

rixes, dommages ou accidents ». Ils peuvent notamment : « 1° Régler entre les pêcheurs la jouissance de la mer et des dépendances du domaine public maritime ; 2° déterminer les postes, tours de rôle, sorts ou baux, stations et lieux de départ affectés à chaque genre de pêche ; 3° établir l'ordre suivant lequel les pêcheurs devront caler leurs filets de jour et de nuit ; fixer les heures de jour et de nuit auxquelles certaines pêches devront faire place à d'autres. »

Comme administrateurs des biens de la communauté des patrons pêcheurs, les prud'hommes ont qualité pour représenter cette communauté dans les actes civils et en justice. Toutefois, ils ne peuvent contracter d'emprunt ni faire aucune dépense extraordinaire sans y être autorisés par un vote de l'assemblée générale approuvé par le préfet maritime ou le chef du service de la marine. Les mêmes formalités sont aussi nécessaires lorsqu'ils veulent agir en justice au nom de la communauté soit comme demandeurs soit comme défendeurs.

3° *Attributions en qualité d'officiers de police judiciaire.* — Les prud'hommes pêcheurs sont chargés, par l'article 16 de la loi du 9 janvier 1852 et l'article 20 du décret du 19 novembre 1859, de rechercher les infractions à la police de la pêche côtière et d'en dresser procès-verbal. Ils doivent dans les vingt-quatre heures remettre leurs procès-verbaux et leurs rapports aux mains du commissaire de l'inscription maritime.

La procédure suivie devant les prud'hommes est la plus simple qu'on puisse imaginer. Les juges doivent être au nombre de trois au moins et présidés par le premier prud'homme qui a la police de l'assemblée. Juges et président ne peuvent s'abstenir de siéger que lorsqu'ils en sont empêchés par une maladie grave ou par d'autres motifs dont l'appréciation appartient au commissaire de l'inscription maritime. Les audiences ont lieu tous les dimanches et toutes les fois que les besoins l'exigent. Le tribunal est saisi de la façon suivante. Le demandeur va trouver le secrétaire et le prier d'assigner l'autre partie. Le secrétaire cite celle-ci par tous les moyens en son pouvoir, même oralement, à comparaître pour le dimanche suivant. Au jour indiqué, les parties sont appelées à la barre par le président. Elles doivent se présenter en personne, sans pouvoir se faire représenter ou assister ni par un avocat, ni par un avoué, ni par un autre pêcheur. Le tribunal après les avoir entendues rend sa sentence. Celle-ci est rédigée sur papier libre par le secrétaire et signée par lui. Le jugement est par défaut si le défendeur ne s'est pas présenté devant le tribunal et il condamne le défaillant aux fins de la demande, s'il n'établit pas qu'il a été dans l'impossibilité de se rendre à la convocation. S'il fait cette preuve, l'affaire est renvoyée au dimanche suivant.

Les jugements rendus par les prud'hommes pêcheurs doivent être exécutés sur le champ par la partie condamnée. Sinon ses filets et sa barque sont saisis par le garde de la communauté qui, s'il éprouve de la résistance, peut se faire assister pour cette opé-

ration par les gardes maritimes, les gendarmes de la
marine ou autres agents de la force publique.

Maintenant que nous connaissons l'institution des
prud'hommes pêcheurs, nous pouvons la comparer
avec celle des conseils de prud'hommes, après quoi
nous nous demanderons, comme nous l'avons fait
pour les prud'hommes de l'industrie, si les prud'hommes pêcheurs doivent être considérés comme de vrais
juges.

Nous remarquons entre l'institution des conseils de
prud'hommes et celle des prud'L ᵔmes pêcheurs les
ressemblances suivantes : les ⸜ ⸍bres de l'une
comme de l'autre portent le nom de prud'hommes et
sont élus par les justiciables ; les différends dont ces
deux juridictions doivent connaître sont des différends
relatifs à l'exercice de la profession des parties, leurs
attributions sont à la fois judiciaires et administratives, leurs membres sont à la fois juges civils et juges
de répression. Mais les différences nous apparaissent
encore plus nombreuses, et nous n'indiquerons que
les principales. Les conseils de prud'hommes sont
composés mi-partie de patrons et mi-partie d'ouvriers,
les prud'hommes pêcheurs au contraire sont composés de patrons seulement : aussi, tandis que les premiers ne connaissent que des contestations entre patrons et ouvriers, les seconds ne connaissent que de
celles entre patrons. Les jugements des uns sont susceptibles d'être attaqués par l'appel, l'opposition, la
tierce opposition et le pourvoi en cassation, les jugements des autres ne peuvent l'être par aucune de ces

voies de recours, leurs abus de pouvoir ne peuvent être réprimés que par une action en dommages-intérêts en réparation du préjudice causé, formée contre eux devant les tribunaux civils, par la partie qui en a souffert. Enfin il n'y a pas de bureau de conciliation dans la juridiction des prud'hommes pêcheurs, la procédure y est plus sommaire et ils exécutent eux-mêmes leurs jugements.

Si nous nous demandons maintenant si les prud'hommes pêcheurs doivent être considérés comme des juges, nous devons tout d'abord faire observer que toutes les raisons qui peuvent faire hésiter à répondre affirmativement à cette question lorsqu'elle est posée à propos des prud'hommes de l'industrie existent aussi pour les prud'hommes pêcheurs; en outre il y en a d'autres qui leur sont spéciales. Ainsi on peut se demander si leurs attributions judiciaires ne sont pas accessoires par rapport à celles qu'ils ont comme représentants de la personnalité civile de la communauté, comme administrateurs des biens qui appartiennent à celle-ci. Le doute peut naître aussi de ce que leur juridiction ne s'étend que sur les membres de la corporation et présente ainsi un caractère disciplinaire. Toutefois les prud'hommes pêcheurs ne sont pas seulement appelés à connaître des infractions à la discipline de la corporation, ils ont souvent à juger des différends d'un tout autre genre; par exemple ceux qui peuvent naître à l'occasion de l'exécution ou de l'interprétation des conventions que deux patrons pêcheurs ont conclues ensemble relativement à l'exercice de leur profession. D'ailleurs le décret du 19 novembre 1809 leur donne souvent le nom de tribunal, lorsqu'ils sont réunis en audience. Aussi croyonsnous qu'on doit les considérer comme des juges dans l'exercice de leurs fonctions judiciaires et par suite leur appliquer l'article 483 et les déclarer justiciables de la Cour d'appel pour les délits punissables de peines correctionnelles commis par eux dans l'exercice de leurs fonctions.

Vu :

Le Président de la thèse,

GLASSON.

Vu :

Le Doyen,

E. GARSONNET.

Vu et permis d'imprimer :

Le Vice-Recteur de l'Académie de Paris,

GRÉARD.

TABLE DES MATIÈRES

DEUXIÈME PARTIE
ATTRIBUTIONS ET COMPÉTENCE.

TROISIÈME PARTIE
PROCÉDURE ET VOIES DE RECOURS.

Imp. G. Saint-Aubin et Thevenot.— J. Thevenot, successeur, Saint-Dizier (Hte-Marne)

Imp. G. Saint-Aubin et Thevenot. — J. Thevenot, successeur, Saint-Dizier (Hte-Marne)